Das total verbammelte super Tummelsurium der Tiere
Originalausgabe
© Carlsen Verlag GmbH, Hamburg 2015
Lektorat: Renate Herre, Anna Madouche
Coverillustration: Lilli L'Arronge
Layout: Christiane Leesker, Günther Jakobs, Lilli L'Arronge
Herstellung: Bettina Oguamanam
Druck und buchbinderische Verarbeitung: Grafisches Centrum Cuno, Calbe
ISBN 978-3-551-51871-2
Printed in Germany

Carlsen-Bücher gibt es überall im Buchhandel und auf carlsen.de

ateliers hafenstraße

Das total verbammelte super Tummelsurium der Tiere

Gedichte, Geschichten und tierischer Quatsch

CARLSEN

INHALT

8 Teddy Superheld *D. Reinhardt | L. L'Arronge*
10 Lulu und Raul *S. Pricken*

12 Zungen-Akrobatik *T. Schulte*
14 Hummel-Hammel-Himmel *Ch. Leesker | D. Napp*
16 Tierisch laut *C. Haas*
18 Robins Sprichwortschatz *K. Fransbach*

20 Der Zugvogelschnupfen *L. Baus*
22 **WIMMELSURIUM** Im Katzentatzenland *M. Elitez*
24 Der schönste Drachen von Schladming *A. I. Le Touzé*
28 Küken im Nest *C. Hofmann*

30 Koalas große Reise *G. Jakobs*
32 Pinguin 137 *S. Pricken*
34 Faultiers Weltreise *D. Reinhardt | A. Keidies*

36 **BESTIARIUM** Das Poliertier *K. Krings*
38 **WIMMELSURIUM** Haustiere *L. Baus*
40 Die tierische Tauschbörse Teil 1 *K. Krings*

SchwimmelSurium

44 Haie *R. Nippoldt*
46 Der verliebte Krake *D. Reinhardt | A. Arndt*
48 Fisch verliebt *L. L'Arronge*
49 Fliegende Fische *K. Krings*
52 **BESTIARIUM** Die Familie der Kofferfische *L. L'Arronge*

54 Was passiert in 3 Sekunden? *S. Pricken*
58 Pusteblümchen *L. Baus*

62 **WIMMELSURIUM** Burg Bammelberg *C. Haas*
64 Der Grottenolm *K. Fransbach*
66 Tausend tintenschwarze Meter tief! *D. Niehaus*
68 Die große Angst der kleinen Eule *D. Reinhardt | C. Haas*

70 **BESTIARIUM** Unartige Tiere *D. Niehaus*
72 Schlaf doch! *A. Keidies*
76 Pumtierkrügelland *M. Elitez*
78 Die tierische Tauschbörse Teil 2 *K. Krings*

80 Instrumentiere *G. Jakobs*
82 Das große Festival der Tiere *D. Reinhardt | A. Arndt*
84 **WIMMELSURIUM** Das Orchester der Tiere *S. Pricken*

86 Das stärkste Tier der Welt *D. Reinhardt | A. Arndt*
88 Nase weiß *A. Steffensmeier*
90 Affentheater *K. Fransbach*
92 **BESTIARIUM** Die fantalanische Zottelwottel *Ch. Leesker*

FimmelSurium

94 Hundefimmel in meiner Familie *A. I. Le Touzé*
96 Tausendfüßler Berthold Bimmel *M. Elitez*
98 Hans Pferd und die wunderbare Sockensammlung *C. Ionescu*
101 Die bunten Eier *M. Elitez*

102 **WIMMELSURIUM** Was weckt die Dschungel-Tiere? *A. I. Le Touzé*
106 Getiergedichte *G. Jakobs | Ch. Leesker*
108 Das große Ei *K. Krings*

112 Pummel-Hummel *D. Niehaus*
114 Superhummel will Rennfahrer werden *R. Nippoldt*
116 Superhummel rettet Spinne *R. Nippoldt*
118 Hummel, Hummel – Bumm. Bumm. *D. Niehaus*

120 **WIMMELSURIUM** Im Sumpf *C. Hofmann*
122 Martin, der Pinguin *A. I. Le Touzé*
124 Das Matsch-Mammut-Lied *D. Reinhardt | D. Napp*
126 **BESTIARIUM** Die Wollmaus *G. Jakobs*

128 Mümmelsurium der Tiere *Ch. Leesker*
130 Die Ballade vom Vielfraß *D. Reinhardt | A. Arndt*
132 Tierischer Hunger *K. Fransbach*

134 Friedo rettet Emil *C. Hofmann*
136 Niels an Vanilla *Ch. Leesker*
138 Reineke SUPER-FUCHS *A. Keidies*
140 Der Mistkäfer *M. Elitez*

BrummelSurium

142 Der Honigtiger *C. Ionescu*
144 Spinner und Brummer *S. Pricken*
146 Marie Marienkäfer und die Wette *A. I. Le Touzé*
148 Mustafa feiert Geburtstag *R. Nippoldt | L. L'Arronge*

150 **BESTIARIUM** Als die Pudel die Welt beherrschten D. Niehaus
152 Der Pistolenkrebs A. Keidies
154 Wolli und Molli G. Jakobs
156 **BESTIARIUM** Die Löwendurmelies S. Pricken

158 Was grummelt denn da? K. Krings
160 Grummelbär G. Jakobs
162 Robins Verflixvieh-Galerie K. Fransbach

164 Lucky Lurch D. Reinhardt | C. Hofmann
166 Ritter Dosenkatze L. Baus
170 **BESTIARIUM** Der südamerikanische Baumelefant G. Jakobs

172 **WIMMELSURIUM** Mister Mesuts 31 mysteriöse Mieter L. L'Arronge
174 Fabelhafte Tricks G. Jakobs
176 Das Regenbogen-Chamäleon D. Reinhardt | T. Schulte
178 Tierdinge & Dingtiere L. Baus
180 Die graue Katze G. Jakobs

182 Professor Rattenstein C. Hofmann
184 **WIMMELSURIUM** Im Wald K. Fransbach
186 Es schneit! A. I. Le Touzé

190 Porträts
192 Danke und Ende

Teddy SUPER Held

"IGITT, ICH HASSE ROSA!"

Es gab einmal eine Zeit, da konnte Tobi nicht einschlafen. Vor allem, wenn der Wind an den Fensterläden rüttelte. Oder wenn Licht ins Zimmer fiel und gespenstisch über die Wände wanderte. Dann wusste er: Wenn ich jetzt einschlafe, werde ich wieder furchtbare Albträume kriegen. Deswegen blieb er lieber wach. Und klingelte morgens der Wecker, war er so müde, dass er kaum aufstehen konnte.

Dann bekam er zum Geburtstag einen Teddybären. „Er möchte dein Freund sein und in deinem Bett schlafen", sagte Tante Ria schmunzelnd. Tobi war fassungslos. Sollte das ein Scherz sein? Der Teddybär war ROSA! Da konnte er noch so viel Angst haben, ein rosa Teddybär würde niemals in seinem Bett schlafen. Und das Schlimmste war: Wenn man dem Bären auf den Bauch drückte, machte er „Mööh" wie ein Babyspielzeug! Als Tante Ria weg war, schleuderte Tobi den Bären wütend in die Ecke.

Abends im Bett war er ganz müde von der Geburtstagsfeier. Wieder rüttelte der Wind schaurig an den Fensterläden, aber Tobi konnte die Augen einfach nicht mehr aufhalten. Und sofort träumte er von Gespenstern, die ihn durch die Wohnung jagten. Schon war er umzingelt! Da sah er plötzlich etwas rosa aufleuchten. Die Gespenster stutzten. Vor ihnen stand der Teddy und war dreimal so groß wie Tobi selbst! Er stieß ein so lautes „MÖÖÖÖÖH" aus, dass die Gespenster eins nach dem anderen in der Luft zerplatzten.

Als Tobi am nächsten Morgen aufwachte, sah er als Erstes nach dem Bären. Der lag immer noch in der Ecke, genauso rosa und niedlich wie am Tag zuvor. „Guck mich nicht so an", murmelte Tobi. „Ich nehme trotzdem keinen rosa Teddy mit ins Bett." In der nächsten Nacht träumte er, dass er aus einem Flugzeug stürzte. Er fiel und fiel und trudelte und überschlug sich, bis er nicht mehr wusste, wo ihm der Kopf stand. Aber unten am Boden wartete der Bär, reckte seine Arme nach oben und fing ihn auf, bevor er sich wehtun konnte.

So ging es von nun an jede Nacht. Die Albträume kamen, aber selbst der schlimmste von ihnen endete gut. Schließlich fing Tobi an, seine Träume richtig zu mögen, denn sie waren spannender und aufregender als jeder Film. Er wusste ja, dass der Bär ihn beschützen würde. Wenn er morgens aufwachte, lag der Bär wieder klein und unscheinbar da und sah mit seinen Knopfaugen zur Decke. Nichts deutete auf die großen Taten hin, die er in der Nacht vollbracht hatte.

Und eines Morgens schließlich, nach einem besonders abenteuerlichen Traum, nahm Tobi den Teddy und legte ihn ins Bett, direkt neben sein Kopfkissen. „Danke, kleiner Superteddyheld", flüsterte er. Dann sprang er vergnügt davon. Ach, wie schön der Morgen doch war, wenn man in der Nacht so erfrischende Albträume gehabt hatte!

ZUNGEN

ESEL ESSEN NESSELN NICHT, NESSELN ESSEN ESEL NICHT.

DIE KATZEN KRATZEN IM KATZENKASTEN, IM KATZENKASTEN KRATZEN DIE KATZEN.

Akrobatik

Frech fechten freche Frettchen, freche Frettchen fechten frech.

Rennende Rentiere rennen Rentierrennen, Rentierrennen rennen rennende Rentiere.

Ziemlich zahme Ziege zieht zehn Zentner Zucker zum Zoo.

Hummel-Hammel-Himmel

Am Hals seine Bimmel
geht Hammel auf Bummel,
trifft eine Hummel.

Hummel, Hammel, Himmel, häh?
Bummel, Bammel, Bimmel, bäh.

Hummel hat Bammel
vor Wolken am Himmel.
Hat halt 'nen Fimmel.

Hummel, Hammel, Himmel, häh?
Bummel, Bammel, Bimmel, bäh.

„Ach Hummel, du Dummel,
nur flauschige Hammel
ziehn oben am Himmel!"

Hummel, Hammel, Himmel, häh?
Bummel, Bammel, Bimmel, bäh.

Da sieht's auch die Hummel!
Sagt Danke zum Hammel,
summt rauf in den Himmel.

Hummel, Hammel, Himmel, häh?
Bummel, Bammel, Bimmel, bäh.

GGGAGGAGG   KIKCKERICKIE   TSCHIPPIEP
                           TSCHIPPIEP
KRAAAKRAAAA

CHCHCHCHCHHH   GRRRRR

                          HHHHHHHHHHHHHH

                ZZZZZZZZZ

QUUAAQUUAAA   QUIIIEEQUIIEE   FFFFFFF   UUUUUUUUUUUUUU

Robins SPRICHWORT SCHATZ

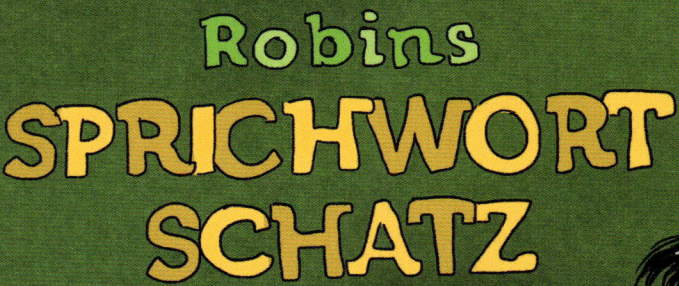

Robins Eltern sagen manchmal so komische Sachen, die er nicht sofort versteht.
Dann stellt er sich vor, wie die aussehen könnten, und malt sie schnell auf.
Die Zettel sammelt er in einer kleinen Holzkiste.

① Die Sackkatze

② Der Bratstorch

③ Das Trockenschaf

Die Eiskuh ⑤

⑥ Der Frühvogel

Der Halsfrosch ⑦

Der Kanonenspatz ④

⑧ Die Perlensau

1. Die Katze im Sack kaufen.
2. Da brat mir einer 'n Storch!
3. Die Schäfchen ins Trockene bringen.
4. Mit Kanonen auf Spatzen schießen.
5. Die Kuh vom Eis holen.
6. Der frühe Vogel fängt den Wurm.
7. Einen Frosch im Hals haben.
8. Perlen vor die Säue werfen.

Der ZUGVOGELSCHNUPFEN

Die Vögel auf ihrem Nachhauseflug
holten sich einen bösen Zug.
So kriegt der heimische Wald sie wieder:
mit Schüttelfrost und Schnabelfieber.

Schon findet der Schnupfen beim Vogelballspiel
in den Bären ein erstes Ziel.
Und die Bären, als sie nach Honig graben,
husten hinein in die Bienenwaben.

Die niesenden Bienchen beim Pollenflug,
verteilen den Schnupfen Zug um Zug.
Und so geht es dann weiter von dort nach hier:
Den Schnupfen hat bald jedes Tier.

Das sieht der Förster, der im Wald spaziert,
er bemerkt, dass die Situation eskaliert.
Er staunt über die Tiere zwischen den Bäumen,
Schniefnasen, die seinen Wegesrand säumen.

L. Baus

Da ist ein Wildschwein, dem trieft die Nase,
es bläst eine Bazillenschleuderblase.
Und ein Frosch quakt nicht, nur röchelt er,
mit Frosch im Hals fällt das Reden schwer.

Eine Schlange, beim Förster aufgetaucht,
wird kurzerhand als Schal missbraucht.
Und ein Biber niest fest mit Kawumm
eine nahe stehende Eiche um.

Da handelt der Förster, jetzt wird reagiert,
mit Spezial-Medizin werden alle kuriert.
Er zögert nicht lang, einen Löffel für jeden,
der Zugvogelschnupfen kann was erleben.

Und bald atmen frei im Wald alle Nasen,
die Tiere spielen wieder vergnügt auf dem Rasen.
Der Schnupfen, von Windzug und Vögeln gebracht,
ist schnell vergessen, wie ausgedacht.

DER SCHÖNSTE DRACHEN VON SCHLADMING

Auf dem Bauernhof *Zur alten Brücke* sind die Tiere in heller Aufregung. Der Bauer hat versprochen, sie nach Schladming zum großen Drachenwettbewerb mitzunehmen. „Um Punkt drei Uhr sind alle fertig und blitzblank!", sagt er. „Dann steigen wir in den Bus und auf geht's!"
Die Uhr in der Küche schlägt dreimal. Der Bauer erscheint in der Stalltür, piekfein und gut gekämmt. Aber, oh weh! Die Tiere sind ja noch gar nicht fertig! Sie haben in Pfützen gespielt und sich im Stroh gewälzt und sind über und über mit Dreck bespritzt. „Tut mir leid, aber dann muss ich ohne euch fahren!", sagt der Bauer. „Wenn ihr nachkommen wollt, müsst ihr wohl den nächsten Bus nehmen!"

Die Tiere streiten sich. „Du bist schuld! Du hast mich geschubst!", sagt das eine. „Nein, ich bin deinetwegen runtergefallen!", antwortet das andere.
Das Huhn Bertha schimpft: „Statt zu streiten, sollten wir uns lieber schnell waschen!"
„Sie hat Recht", sagt Ferdinand, das Schwein.
„Finde ich auch", sagt Doris, das Schaf.
„Und ich auch", sagt die Kuh Kunigunde.
Der Hund und die Katze kennen als Einzige das Haus und seine Geheimnisse. Sie zeigen den anderen Tieren das Badezimmer.

Die drei Kühe stapeln sich in der Badewanne. Bertha planscht mit ihren Küken im Waschbecken. Vorm Spiegel bürstet Doris ihre Löckchen.

„Das Schwein muss auch gebadet werden!", ruft Kunigunde. Ferdinand wird gewaschen, eingeseift, abgerubbelt. Dann staunen alle.
„Er ist ja ganz rosa!", piepsen die Küken.
Plötzlich schreit Ferdinand: „Ups! Jetzt habe ich aus Versehen die Seife verschluckt!"
Die Tiere sind ganz aufgeregt.
„Wird er jetzt krank?", fragen die Küken und schauen besorgt.
„Aber nein, ich fühle mich sehr wohl", sagt Ferdinand. „Ich fühle mich leicht, so leicht ..."
Während er spricht, steigen Seifenbläschen aus seiner Schnauze auf und er wird dicker und dicker und beginnt zu schweben. Rasch hängt sich Kunigunde an das Ringelschwänzchen. Doch auch sie steigt mit in die Luft.
„Schnell, schnell, haltet sie fest!", ruft der Hund.
Alle fassen mit an. Und alle heben ab! An der Spitze Ferdinand, rund wie ein Ballon. An seinem Schwänzchen hängt Kunigunde, an der die Kuh Friedhelma und an deren Schwanz der Hund. Die Schafe können sich gerade noch an Ferdinands Bein klammern. An sie krallt sich die Katze und an ihrem Schwanz haken sich Bertha und die Küken mit dem Schnabel ein. Nur die Kuh Wilhelmina ist zu langsam.
Ein leichter, warmer Wind hebt die komische Gesellschaft in die Luft und schiebt sie sanft Richtung Schladming. Auf einmal sind sie mitten zwischen den bunten Drachen.
„Wow! Wie schön!", jubelt Ferdinand. Seifenblasen schweben um ihn herum.
Allerdings wird er immer dünner und dünner und dünner ...
Die Tiere sinken hinab, bis sie sanft auf der Erde landen, genau vor dem Tisch, an dem die Jury sich berät.
„BRAVO!", ruft das Publikum laut. Der Bauer wundert sich fürchterlich, aber dann freut er sich, seine Tiere gesund und munter wiederzusehen.

"Der erste Preis geht einstimmig an den Drachen des Bauernhofs *Zur alten Brücke*", sagt der Bürgermeister von Schladming. Unter dem Applaus der Zuschauer überreicht er dem Bauern einen Pokal. Und um Ferdinands Hals hängt er ein prachtvolles Band mit einer riesigen goldenen Medaille!

A. I. Le Touzé

KÜKEN IM NEST

KÜKEN IM NEST

GEBURTSTAGSFEST

FRÖSCHE IM WEIHER

HOCHZEITSFEIER

FLIEGEN AUF'M PFERD

ROCKKONZERT

Koalas große Reise

Pinguin 137

Im Münsteraner Zoo gibt es Pinguine. Viele Pinguine. So viele, dass man unmöglich allen Namen geben kann. Und so nummeriert man sie eben durch. Man fängt, nun ja, bei 1 an und hört bei ach ich weiß nicht wo auf.
Unsere Geschichte handelt von Pinguin 137. Er war stocksauer.
„Ich bin stocksauer", schimpfte er. Erst schnappte ihm der dicke 87 seinen Mittagsfisch weg und am Abend zerrte ihm auch noch eine freche Möwe seinen Hering aus dem Schnabel. Aufgebracht pickte Pinguin 137 dem Tierpfleger in die Gummistiefel und lief ihm zwischen die Füße, während der Pfleger seinen Eimer mit Fischen vor den Möwen verteidigte. Da schnappte sich eine Möwe die Mütze des Tierpflegers und flog damit davon. Dieser nahm die Verfolgung des Diebes auf, wiederum verfolgt vom hungrigen Pinguin 137. Der Pfleger riss die Tür des Geheges auf, schlug sie hinter sich zu und folgte seiner davonfliegenden Mütze.
Und Pinguin 137 stand allein ... VOR seinem Gehege!
Sollte er nun Angst oder Hunger haben? Das Knurren aus seinem Magen traf die Entscheidung. So machte er sich auf die Suche nach einem ordentlichen Abendessen ...

Leider sah man den Pinguin im Zoo von Münster nie wieder.
Niemand weiß, was aus ihm geworden ist.

Oh, là, là

der war nett

Faultiers Weltreise

„Am besten verlässt du nie im Leben unseren schönen Baum", pflegten die Faultiereltern zu ihrem Sohn zu sagen. „Hier sind die leckersten Blätter und saftigsten Früchte. So etwas Gutes findest du nirgends sonst."

Das kleine Faultier schwor sich also, nie den Baum zu verlassen, auf dem es lebte. Und sicher hätte es den Schwur gehalten, wenn nicht eines Tages ein Lastwagen unter dem Baum entlanggefahren wäre. Er ließ die Äste so erzittern, dass das Faultier von seinem Zweig fiel und genau in den Bananenstauden landete, die der Lastwagen geladen hatte. Der Lastwagen brauste davon, bog um eine Ecke und das kleine Faultier fuhr in die weite Welt hinaus!

Der Lastwagen fuhr und fuhr, bis er das Meer erreichte. Dort wurden die Bananen auf ein Schiff verladen – und mit ihnen das kleine Faultier, das in einer Kiste saß. Das Schiff legte ab und war bald auf hoher See. Mit großen Augen blickte das kleine Faultier durch ein Bullauge. Es sah die Wellen und die Fliegenden Fische, die Fontänen der Wale und die Rückenflossen der Haie, es sah die Vulkane auf den Inseln und tausend Dinge, die nie ein Faultier zuvor gesehen hatte.

Viele Tage war das Schiff unterwegs, dann legte es in einem Hafen an. Ein Kran hob die Bananenkisten heraus. Auf einer saß das kleine Faultier, aber hoch in der Luft verlor es den Halt und fiel – genau in eine andere Kiste, die gerade mit Schokoriegeln beladen wurde. Die Kiste wurde zum Flughafen gebracht und in ein Flugzeug verladen und wenig später war das Faultier in der Luft.

Durch ein Fenster sah es unter sich die Städte und Flüsse und Seen, die schneebedeckten Gipfel der Berge, die Oberseiten der Wolken und tausend Dinge, die nie ein Faultier zuvor gesehen hatte.

Als das Flugzeug landete, wurde die Kiste mit den Schokoriegeln auf einen Zug verladen. Er ratterte davon und fuhr viele Tage quer durchs Land, über grüne Hügel, durch dunkle Tunnel, an Wasserfällen vorbei und über Brücken, die so hoch waren, dass dem Faultier ganz schwindlig wurde, wenn es hinuntersah. Schließlich erreichte der Zug sein Ziel. Die Schokoriegelkiste, in der längst keine Schokoriegel mehr waren, weil das Faultier sie gefressen hatte, wurde herausgehoben. Aber weil die Kiste jetzt so leicht war, schwankte sie in der Luft und das kleine Faultier fiel – genau auf die Ladefläche eines Lastwagens. Der Wagen rumpelte los. Das kleine Faultier klammerte sich fest. Und je länger die Fahrt dauerte, umso bekannter kam ihm die Gegend vor. Plötzlich begriff es: Dies war der Lastwagen, den es schon kannte! Er fuhr wieder in den Wald, um neue Bananenstauden zu holen! Als der Heimatbaum des Faultiers auftauchte, ließ es sich von dem Wagen fallen. Einen ganzen Tag brauchte es, um in die Krone des Baumes zu klettern, dann war es endlich wieder zu Hause bei seinen Eltern.

Von da an hielt sich das kleine Faultier gut fest, wenn der Lastwagen darunter entlangfuhr. Aber jeden Tag dachte es glücklich: Ich habe die ganze Welt umrundet. Und glaubt mir: Das hat nie wieder ein anderes Faultier geschafft.

D. Reinhardt | A. Keidies

BUMMEL SURIUM

Die tierische Tauschbörse

Teil 1

Das Wildschwein Paul konnte den Klang seines Grunzens nicht besonders gut leiden. „Oink, oink", sagte er zu seiner Freundin Lisbeth. „Dein Vogelgezwitscher klingt so viel schöner. Zeigst du mir, wie du das machst?"
Aber Lisbeth hatte keine Ahnung, wie man einem Wildschwein das Singen beibringt.
„Ich habe eine andere Idee", sagte sie, „lass uns die tierische Tauschbörse besuchen."
„Tierische Tauschbörse", sagte Paul, „was ist denn das?"
„Dort kriegst du alles, was du dir vorstellen kannst", antwortete Lisbeth. „Vielleicht findest du dort eine Stimme, die dir besser gefällt."
„Na gut", sagte Paul, „Platz nehmen, Lisbeth. Los geht's!"
Lisbeth setzte sich auf Pauls Kopf und hielt sich an seinen Ohren fest. „Ich helfe dir, etwas schönes Neues auszusuchen", sagte sie.
Im Schweinsgalopp liefen sie durch den Wald.

Als sie an der tierischen Tauschbörse ankamen, war Paul außer sich vor Begeisterung. Von gebrauchten Zebrastreifen bis zu neuen Elefantenohren und geputzten Löwenzähnen: Es gab nichts, was es nicht gab. Und Paul hatte große Lust, alles anzuprobieren.
„Eine von denen, bitte!", rief er und zeigte auf eine leere Schlangenhaut.
„Paul!", sagte Lisbeth. „Du passt da gar nicht rein!"
„Ich lieee-be diesen Ziegenbart", quietschte Paul, „und die Entenfüße auch. Zwei reichen!"
„Um Himmels willen", sagte Lisbeth und verdrehte ihre Augen, „Paul!"
„Schlappohren?", fragte er. „Was meinst du, Lisbeth?" Bevor sie antworten konnte, fuhr Paul fort: „Welche Nase steht mir am besten?"
„Deine eigene", sagte Lisbeth. „Eigentlich wolltest du nur eine neue Stimme, Paul." Aber Paul hörte sie nicht. Er bewunderte die Pferdeschwänze.
„Fertig!", rief Paul nach einiger Zeit. Er drehte sich einmal im Kreis und umarmte Lisbeth. „Ich fühle mich wunderbar", sagte er, „lass uns nach Hause gehen."
Lisbeth setzte sich wieder auf ihren gewohnten Platz und hielt sich an Pauls Ohren fest. Es war nicht so gemütlich wie sonst, weil sie im Wind flatterten. „Paul", flüsterte sie in eines seiner Schlappohren, „um ehrlich zu sein, ich fand dich früher schöner!"
„Oink, oink", antwortete Paul.

K. Krings

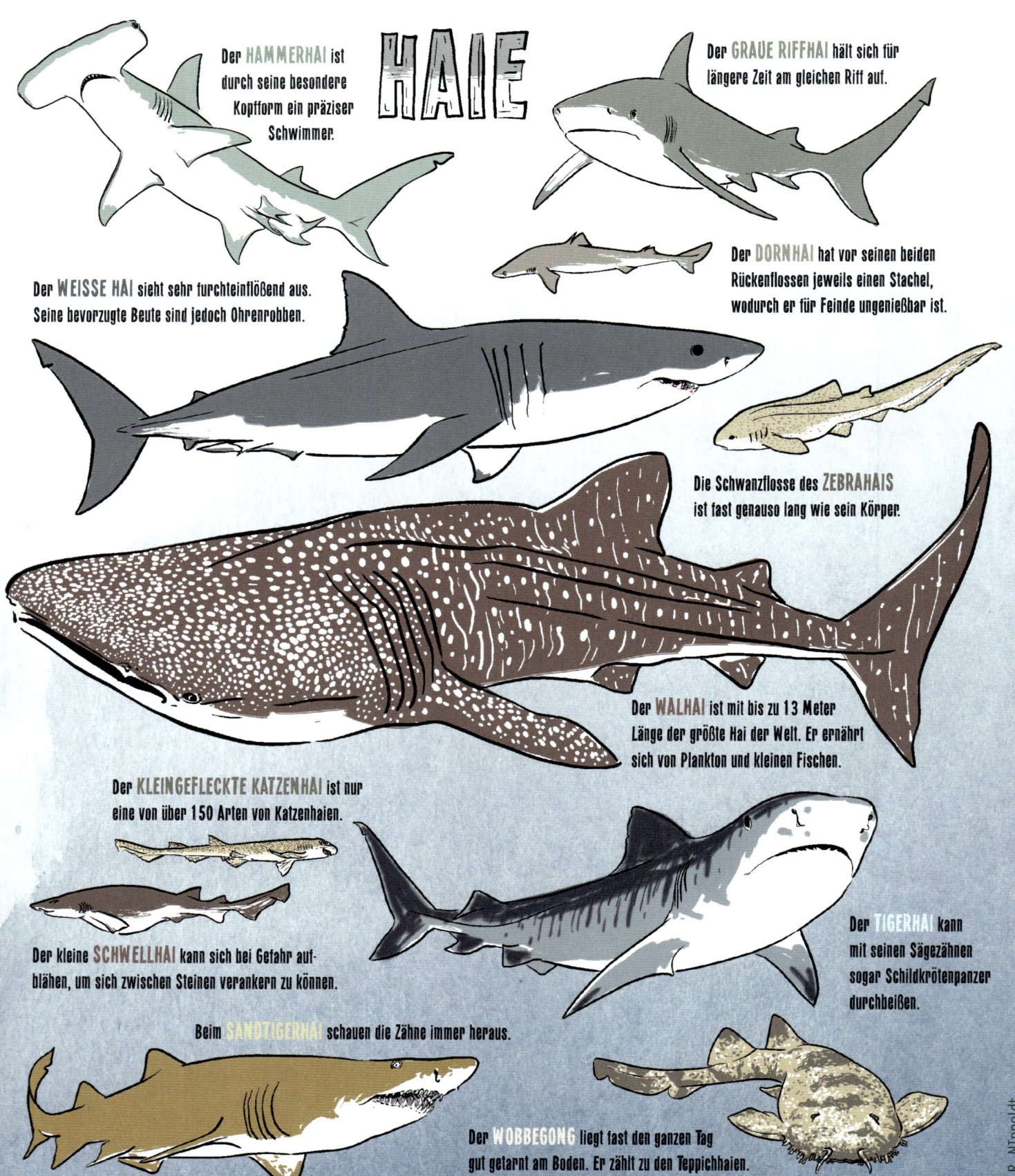

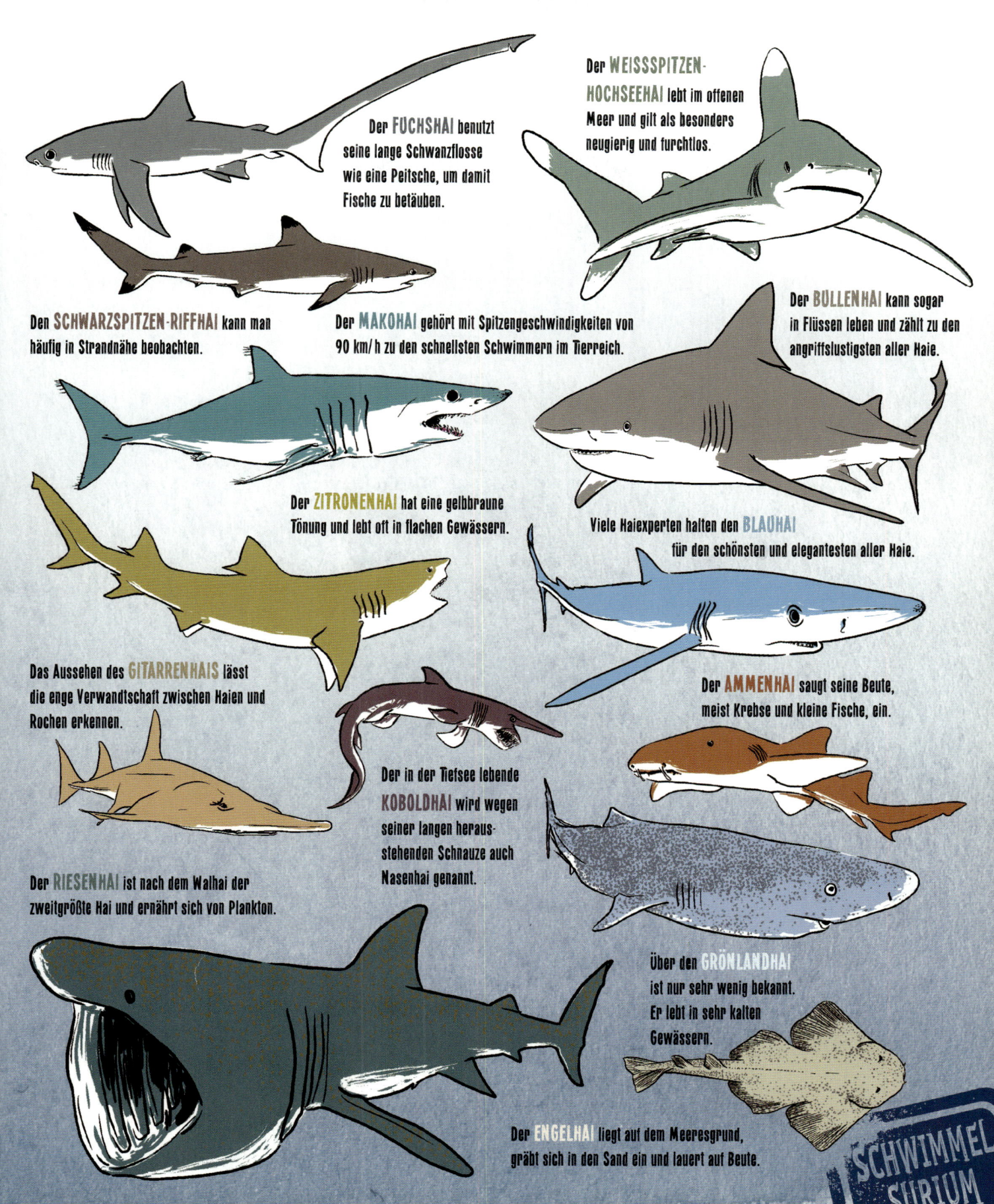

Der verliebte Krake

Tief im Meer, wo nie ein Mensch gewesen ist, leben die seltsamsten Geschöpfe. Einige, so wie der Tintenfisch oder der Teufelsrochen, kommen ab und zu an die Oberfläche. Andere aber – zum Beispiel das Große Seebärchen, der Neunschwänzige Riesenhering oder der Selbstleuchtende Laternenfisch –, die hat noch nie jemand gesehen.

Auch die Meerjungfrauen leben dort unten. Vor vielen Jahren, als auf den Wellen noch die Segelschiffe fuhren, da gab es eine von ihnen, die war so unglaublich schön, dass ihr es euch gar nicht vorstellen könnt. Sie hatte langes wallendes Haar und wohnte in einer großen silbernen Muschel.

Eines Tages schwamm zufällig ein Krake bei ihr vorbei. Er war seit vielen Jahren einsam und als er die Meerjungfrau sah, war er so verzaubert von ihrer Schönheit, dass er fast mit einem Panzerfisch zusammengestoßen wäre, der ihm entgegenkam. Dieses wunderschöne Wesen muss meine Braut werden!, dachte er.

Von da an brachte er ihr heimlich Geschenke, ohne dass sie wusste, von wem sie stammten. Und dann kam der Tag, an dem er sich traute, zu ihr hinzuschwimmen und ihr seine Liebe zu gestehen.

„Ach, mein guter Krake", antwortete ihm die Meerjungfrau, „das geht doch nicht. Du bist so hässlich und ich bin so schön. Ich warte lieber auf einen Prinzen, der mich heiratet."

Traurig schwamm der Krake wieder davon. Aber er ließ sich nicht entmutigen, weil er genau wusste, dass hier unten niemals ein Prinz vorbeikommen würde. Also brachte er der Meerjungfrau immer noch jeden Tag ein Geschenk, um sie umzustimmen. Doch egal, was er tat: Sie erhörte ihn nicht.

Schließlich unternahm er einen letzten verzweifelten Versuch. Er zog seinen schönsten achtärmeligen Krakenanzug an und schwamm zu der Meerjungfrau. In seinen Tentakeln trug er das Wertvollste, das er besaß: eine Perlenkette, ein Muschelhorn, eine Koralle, einen Seestern, ein Fernglas, eine Sanduhr, einen Kompass und einen Ring.

„Ich bin der Einzige, der dich mit acht Armen gleichzeitig verwöhnen kann", rief er.

Da horchte die Meerjungfrau auf. Der Krake hatte Recht: Das konnte ihr wirklich kein anderer bieten. Und so schöne Geschenke hatte ihr auch noch niemand gemacht. Sie sah dem Kraken noch einmal in die großen blauen Augen, und dann war es um sie geschehen. Vielleicht hatte sie inzwischen ja auch selbst gemerkt, dass kein Prinz mehr kommen würde, um sie zu heiraten.

So wurden der Krake und die Meerjungfrau ein Paar. Bald mussten sie für ihren Nachwuchs viele kleine Muscheln anbauen. Und ihre Kinder, die Achtarmigen Meerjungkraken, leben noch heute tief unten in der See. Allerdings kommen sie niemals an die Oberfläche, und deshalb – na, ihr wisst schon –, deshalb hat sie auch noch nie jemand gesehen.

D. Reinhardt | A. Arndt

Fisch verliebt

Bin ich sonst auch kein Poet,
mir heut der Sinn nach Dichten steht.
So herrlich scheint mir Welt und Weiher,
Krebs und Frosch (sogar der Reiher).

Unwirsch fragt mich da der Hecht,
ob's bei mir wohl piept.
„Ja", sag ich, „da hast du Recht,"
denn ich bin Fisch verliebt!

Ich will mit dir in Algen balgen.
Dich zwischen Seerosen liebkosen
und sonntags faul in Tümpeln dümpeln.

Es spielt uns die Libellenlarve
Liebeslieder auf der Harfe.
Und wenn der Mond ins Wasser scheint,
sind wir zwei endlich vereint.

Stets will ich dein Flösschen halten,
will mit dir schwimmen Schupp an Schuppe
in warmem Wasser und in kaltem,
in klarem Quell und trüber Suppe.

Du bist das Fischchen meines Lebens,
werd nie von deiner Seite weichen.
Lass uns keine Zeit verlieren –
lass uns auf der Stelle laichen!

Denn sieben Himmel kennt die Liebe,
sieben Meere diese Welt.
Ein Fisch kann nicht bis sieben zählen.
Egal – nur die Liebe ist's, die zählt.

L. L'Arronge

FLIEGENDE FISCHE

Frida ist ein ungewöhnlicher kleiner Fisch. Sie braucht nur die Augen zu schließen, wenn sie Luftblasen blubbert und gleichzeitig mit ihren Flossen paddelt – schon kann sie fliegen. Ja, fliegen!

Großvater Karl findet Fridas Fliegerei gar nicht gut. „Frida!", schimpft er, wenn sie ihn versehentlich anrempelt. „Mach deine Augen auf!"

„'tschuldigung!", gluckst Frida. „Hab dich nicht gesehen, Opa. Hihihi …"

„Ich mache mir Sorgen um dich", sagt Großvater Karl und schüttelt den Kopf. „Eines Tages wird dich dein Unsinn in echte Schwierigkeiten bringen!"

„Ach Opa!", sagt Frida. „Fliegen macht zu viel Spaß! Komm mit! Ich zeige dir, wie es geht. Dann fliegen wir zusammen."

„Niemals!", brummt Großvater Karl. „Wir sind Fische, Frida. Fische schwimmen!"

Großvater Karl schwimmt zur Oberfläche des Sees, um nachzudenken: Wie zähmt ein alter Fisch so eine unbändige Enkelin? Neben ihm schießt plötzlich Frida aus dem Wasser heraus. Ihre Augen sind geschlossen und sie fliegt senkrecht wie eine Rakete in den Himmel. Kurz verschwindet sie hinter einer kleinen Wolke und als Großvater Karl sie wieder sehen kann, staunt er. Frida fliegt auf dem Rücken. „Ach", sagt Großvater Karl und blinzelt. „Sie ist wirklich gut!" Er schaut zu, wie Frida einen einzelnen – einen doppelten – und sogar einen dreifachen Looping fliegt. „Bravo!", ruft er. Und erschrickt – ein großer Vogel kommt angeflogen! „Frida!", schreit Großvater Karl. „Hinter dir! Schnell nach unten!"

Der Pelikan hat Frida aber nicht einmal bemerkt. Etwas ganz anderes fällt ihm ins Auge – nämlich Großvater Karl! Er stürzt nach unten und mit seinem großen gelben Beutelschnabel schnappt er Großvater Karl aus dem See. „Hilfe!"

Frida hört die Stimme ihres Großvaters und öffnet ihre Augen. „Opa?", fragt sie, statt zu blubbern und zu paddeln. Und blitzschnell fällt sie wie ein Stein vom Himmel.

„Hey!", beschwert sich der Pelikan lautstark, als ihn Frida auf ihrem Weg nach unten anrempelt. Großvater Karl erkennt seine Chance und hüpft, schwuppdiwupp, aus dem Pelikanschnabel.
„Opa Karl?", freut sich Frida. „Was machst du denn hier oben?" Im freien Fall plumpsen die beiden ins Wasser.
„Siehst du, Opa", sagt Frida lachend. „Jetzt sind wir doch zusammen geflogen."
Großvater Karl schüttelt noch einmal den Kopf.
„Na ja", sagt er leise, „Fliegen macht Spaß!"

Bestiarium

Die Familie der KOFFERFISCHE
Ostracidae

DER REISEKOFFERFISCH

Typisch für ihn sind seine großen Koffer und seine bunte Färbung. Man trifft ihn meist in größeren, altersgemischten Gruppen an.

JUVENILES STADIUM

"ICH HAB SCHON EINEN EIGENEN KINDERKOFFER"

Das Weibchen: Erkennbar am Schminkköfferchen und am farblich abgestimmten Kofferset.

Das Männchen: Versucht das Weibchen durch einen möglichst großen Koffer zu beeindrucken.

DER ROLLKOFFERFISCH

Diese Unterart hat sich aus dem Reisekofferfisch entwickelt und macht ihm zunehmend seinen Lebensraum streitig.

RUCKSACKFISCH

Der Rucksackfisch ist eher einzeln oder in Pärchen anzutreffen. Er schwimmt bevorzugt in unbekannten Gewässern herum.

DER AKTENKOFFERFISCH

Ein enger Verwandter. Er schwimmt jeden Tag zur immer gleichen Uhrzeit immer die gleiche Strecke. Typisch: blau-graue Färbung und meist schwarzer Aktenkoffer.

Vom Aussterben bedroht: DER SEESACK

DER ARZTKOFFERFISCH

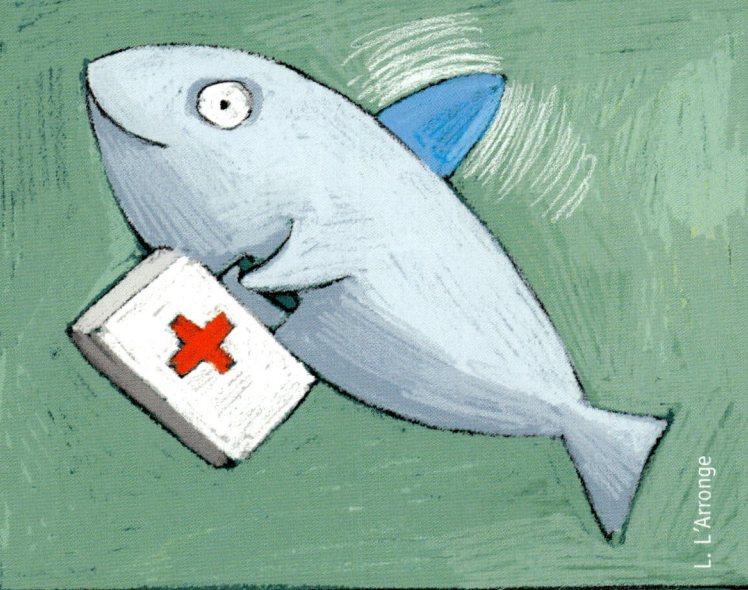

Der schnelle Schwimmer fällt mit seiner Blaulichtflosse und dem roten Kreuz auf dem Koffer sofort auf. Raubfische fürchtet er trotzdem nicht, denn in Notsituationen nehmen auch sie seine Hilfe gerne in Anspruch.
Siehe auch: Doktorfisch

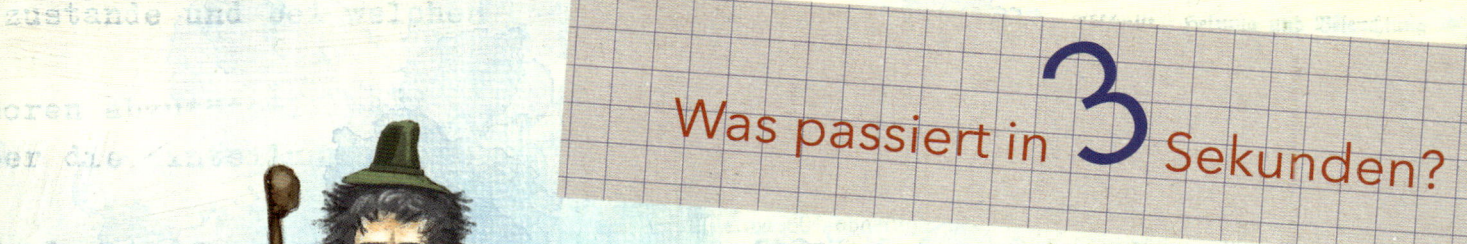

Bitte umblättern!

Puste BLÜMCHEN

Blümchen mag den Pustezahn. Der hat so eine tolle Mähne!

Aber Pustezahn sieht Blümchen nicht. Er sieht nur sich.

„Entschuldige",
sagt Blümchen.
„Ich war zornig,
weil du mich nicht
siehst."

„Ach so", sagt Pustezahn
und wischt sich die Tränen weg.
Pustezahn mag nicht nur
sein Spiegelbild,
vor allem mag er Blümchen.

„Ich mag dich eigentlich auch",
sagt Pustezahn.

Da tröstet ihn Blümchen:
„Deine Haare wachsen bestimmt
ganz schnell wieder nach.
Und bis es so weit ist,
gebe ich dir
ein paar
meiner Federn
als Ersatz."

L. Baus

Bammel SURIUM

BAMMEL SURIUM

C. Haas

Der Grottenolm

Stell dir vor, es gibt ein Tier,
ausnahmsweise siehst du's hier.
Weiß wie eine weiße Wand,
wenig hübsch, kaum elegant.

Langer Körper, kurze Beine,
ja und das ist das Gemeine:
Augen hat er leider keine.
Morgen wird er hunderteins,
das ist Grottenolm Karl-Heinz.

In der tiefsten Finsternis
hat der Grottenolm nie Schiss.
Kennt sich in düstrer Tiefe aus,
da hat Karl-Heinz den Dreh heraus.
Nur eines mag er sicher nicht
und davor fürchtet er sich schlicht:
vor dem Hellen, vor dem Licht!

Die große Angst der kleinen Eule

Eulen haben es gut. Sie können zum Beispiel den Kopf ganz nach hinten drehen – egal, ob linksherum oder rechtsherum. Das ist praktisch beim Rückwärtsfliegen. Oder wenn sie sich den Hals waschen müssen.

Außerdem können sie nachts jagen, weil ihre Augen so scharf sind. Das ist auch praktisch, weil sie keiner sehen kann und sie leichtes Spiel haben. Und tagsüber, wenn alle anderen arbeiten müssen, können sie in ihre Baumhöhlen kriechen und in aller Ruhe schlafen.

Also, eigentlich ist das Eulenleben ein wundervolles Leben. EIGENTLICH! Es sei denn, es passiert das, was einer kleinen Eule einmal zugestoßen ist: Sie hatte fürchterliche Angst, in der Dunkelheit im Wald zu sein. Ach was, Angst – sie hatte Panik. Hinter jedem Busch vermutete sie ein Gespenst, hinter jedem Baum einen Vampir, hinter jedem Zweig ein Monster und hinter jedem Blatt einen Werwolf.

Ihre Eltern waren verzweifelt. Was soll bloß aus unserer kleinen Eule werden?, fragten sie sich. Wenn sie eine solche Angst im Dunkeln hat, dann kann sie nachts nicht jagen. Und wenn sie nachts nicht jagen kann, dann findet sie nichts zu fressen!

Sie versuchten alles, um der kleinen Eule die Angst zu nehmen. Sie erklärten ihr, dass es weder Gespenster noch Vampire noch Monster noch Werwölfe gibt – umsonst. Sie gaben ihr einen Glücksbringer, der sie mutig machen sollte, solange sie ihn um den Hals trug – vergebens.

Sie redeten ihr ins Gewissen und sagten, alle anderen kleinen Eulen hätten doch auch keine Angst – zwecklos.

Da gingen sie zu dem berühmten Arzt Professor Eulenfreud. Der empfahl ihnen, die kleine Eule eine ganze Nacht lang in der Dunkelheit auszusetzen – wenn sie das überstanden hätte, wäre sie von ihrer Angst geheilt. Zuerst brachten Herr und Frau Eule es nicht übers Herz, diesem Ratschlag zu folgen. Aber schließlich blieb ihnen nichts anderes übrig. Sie wollten doch, dass ihre kleine Eule geheilt wurde.

Also rückte die fürchterliche Nacht näher. Die kleine Eule war fast gelähmt vor Angst. Erst in allerletzter Sekunde hatte sie die rettende Idee: Sie wollte ein Tagwächter werden. Denn so wie es bei den Menschen Nachtwächter gibt, muss es bei den Eulen doch auch einen Tagwächter geben.

Von da an war die kleine Eule glücklich. Tagsüber, wenn die anderen Eulen sich von ihrem Nachtwerk erholten, bewachte sie die Baumhöhlen, in denen sie schliefen. Sie flog in der wunderbar warmen Sonne und der herrlichen Helligkeit im Wald umher und achtete darauf, dass niemand die Schlafenden störte. Und nachts, wenn die anderen auf Jagd gingen, konnte sie sich in die Höhlen zurückziehen und die ganze furchtbare Dunkelheit einfach wegträumen.

So gibt es schließlich doch für alles eine Lösung – auch für die schlimmsten Ängste. Und manchmal sind Ängste gar nicht so übel. Zeigen sie einem doch, wofür man wirklich geboren ist.

Bestiarium: unartige Tiere

Frechdachs
(Meles Meles Luciferianis)
Der Frechdachs wohnt in geschützten Verstecken, wo er ungestört Streiche ausheckt. Tagsüber ist er in Kitas und Schulen zu finden. So berichten das zumindest die Lehrer. Auch Eltern klagen häufig über Frechdachsbefall. Oft lebt der Frechdachs in unaufgeräumten Kinderzimmern. Hat er etwas ausbaldowert, schießt er aus seinem Versteck hervor, spielt seinen Streich und ist augenblicklich wieder verschwunden. Es soll sogar vorkommen, dass sich der Frechdachs nach einem Streich verkleidet: als Unschuldslamm!

Dreckspatz
(Passer Maculata)
Dreckspatzen lieben das Toben und das wilde Spielen. Am besten werden dabei die Federn richtig schön schmutzig! Nichts mag ein Dreckspatz weniger, als sauber und brav zu sein. Dreckspatzen gehören zu den Singvögeln. Beim Spielen im Dreck kann man sie stundenlang schmutzige Lieder singen hören. Vor allem junge Vögel sind Dreckspatzen. Wenn sie groß sind, hören viele auf im Dreck zu spielen und werden manchmal sogar eitle Gockel.

Lausejunge
(Filius Pediculus)
Oft auch einfach „Lauser" genannt. Lausejungen sind wohl die größten Plagegeister unter den unartigen Tieren, weil sie so blitzschnell Streiche spielen können. Bemerkt man, dass man von einem Lauser gefoppt worden ist, ist der längst über alle Berge und hat schon mindestens zwei weitere Opfer geärgert.

(HOCHGESCHWINDIGKEITSAUFNAHME)

Schmierfink
(Fringillidae Grafittiensis)
Schmierfinken sind sehr eng mit den Dreckspatzen verwandt. Häuser sind ihr bevorzugter Lebensraum, wo sie Wände bunt beklecksen und bemalen. In manchen Städten sind ganze Straßen mit verschnörkelten Schmierfinkgesprächen vollgemalt. Erwachsene Schmierfinken werden übrigens meist in Zeitungsredaktionen gesichtet, wo sie die Zeitungsenten hüten.

Spottdrossel
(Turdidae Ironiae)
Die Spottdrossel zählt biologisch zu den niederen Spaßvögeln. Sie ist an ihrem typischen Ruf *„Guck mal deeeeeen an, geht ja gaaaaaaaar nicht"* gut zu erkennen. Besonders Angsthasen, Unglücksraben sowie alle Arten von Pechvögeln haben unter ihren Spottliedern zu leiden. Daher ist die Spottdrossel ein Einzelgänger und hat außer Lackaffen kaum Freunde. So schaut sie meistens alleine Castingshows.

Naschkatze
(Felis diabetis nectariensis)
Naschkatzen fressen nur süße Sachen. Mit ihren speziellen Naschtatzen kommen sie in jeden Topf hinein. Noch erstaunlicher sind ihre Zungen, die mit einem Schleck ganze Torten wegschlecken können. So manche Bäckerei musste schon nach einer Naschkatzenplage zumachen!

Lackaffe
(Pan Vanus)
Der Lackaffe heißt so, weil er immer glänzend aussieht. Ganze Tage kann er damit zubringen, sich schön zu machen, sein Fell zu kämmen, seine Wimpern schwungvoll zu wellen und sich mit hübschen weißen Blütenblättern zu schmücken. Zum Spielpartner taugt der Lackaffe allerdings überhaupt nicht. Im Matsch wird ein Lackaffe zum Beispiel niemals spielen. Daher versteht er sich auch überhaupt nicht mit Dreckspatzen.

D. Niehaus

SCHLAF DOCH!
Eine Schlaf-doch-endlich-ein-Geschichte

Ein Piratenschiff schaukelt des Nachts auf dem Amazonas, reich beladen mit Gold und Silber und einem – nun hört genau hin – Rubin, so groß wie das Ei der Riesenschildkröte.

Um diesen Schatz hatte die Mannschaft der Wasserschweine und Ratten drei Tage und Nächte lang gegen die fiesen Alligatoren gekämpft. Nun schlafen alle erschöpft ein. Auch der Aushilfsmatrose Diego kriecht in seine Koje, schiebt sein Kissen zurecht und dämmert ganz allmählich in den Schlaf.

Doch als er gerade von einer Kokospalme träumt, unter der er einst einen wundervollen Mittagsschlaf hielt, überschattet ein grässlicher Gedanke seinen Traum: Was ist, wenn sich jemand rächen oder den Rubin zurückerobern will?

Diego schreckt hoch und versucht sich zu beruhigen. „Schlaf wieder ein", denkt er und hört das laute Schnarchen aus den Kojen seiner Piratenfreunde, die ihm bestimmt zur Seite stehen würden. Seine Augenlider werden schwer, bis sie zufallen, und wieder träumt er von der Kokospalme ...

Plötzlich drängt sich das Bild einer hämisch grinsenden Piratenratte in seinen Traum und er schreckt auf: Sind das wirklich alles meine Freunde hier auf dem Schiff? Oder wurde ich beim Aufteilen der Beute übers Ohr gehauen?

Er greift nach dem Beutel mit den Golddublonen unter seinem Kissen.
Gott sei Dank, da sind sie! Keine einzige fehlt. Erleichtert schließt er die Augen.
„Schlaf doch ein", denkt er gerade noch und träumt wieder von der Kokospalme,
unter der er einmal einen wundervollen, erholsamen ...
Doch auf einmal hebt sich das Schiff wie auf einer riesigen Welle.

Diego spürt ein Kribbeln im Magen wie beim Aufzugfahren.
Das Schiff kippt auf die Seite. Mit rasendem Herzen klammert er sich an seiner Koje fest, die jetzt aufrecht steht.
Das ist bestimmt ein Angriff! Nein, eine heftige Flutwelle!
Oder sind wir auf einen Felsen geprallt?

Leise, ganz leise hört er ein Gackern und Fiepen. Lauter und lauter wird es. Es klingt wie eine Melodie! Wie ein Delfin! Natürlich: Es ist Felipe, der Flussdelfin, der ab und zu die Piraten besucht und das Schiff ein Stück auf seinem Rücken mitnimmt.

„Dass ich daran nicht gedacht habe", murmelt Diego erleichtert.
„Schlaf doch endlich ein", sagt er sich und beginnt wieder von der Kokospalme zu träumen, unter der er einmal einen wundervollen, erholsamen Mittagsschlaf gemacht hat.

Aber – zum Geier! Diego fährt hoch und jetzt ist ihm der Schlaf endgültig verdorben. Hatte ihm damals nicht ein kreischender Affe eine Kokosnuss an den Kopf geworfen?

Pumtierkrügelland

„Du, Amelie, hör mir mal zu,
ich hab da was gesehen.
Da war ein Tier, groß wie ein Haus,
mit fünfundzwanzig Zehen!"

Doch Amelie, die sagt sofort:
„So etwas gibt es nicht!
Es gibt nur Schnecke, Laus und Maus,
Hund, Katze, Bär und Fisch!"

„Jawohl, da ist es doch, schau hin!
Die Nas fängt an zu rauchen.
Und Ohren wackeln riesengroß,
die kann's als Schirm gebrauchen!"

„Ach nein, du redest wirklich Quatsch
und es ist gar nicht wahr!
Es gibt nur Tiger, Reh und Frosch,
Dachs, Wurm und Vogelschar!"

„Mensch, guck doch mal, nun stapft es her
und breitet aus die Flügel!
Ach, welch ein Glück, es nimmt uns mit
ins Land der Pumtierkrügel!"

„Es gibt kein Pumtierkrügelland!
Gibt Deutschland und Italien,
Türkei, Neuseeland, Griechenland
und England und noch Spanien!"

„Na dann, bleib du doch eben hier,
wir fliegen nämlich los!
Auf eine Reise bunt und froh,
die Welt singt und ist groß!"

M. Elitez

Die tierische Tauschbörse

Teil 2

„Sssservus!", zischte die Schlange.
„Hallo!", sagte der Mann mit den langen Ohren. „Was führt Sie heute zu mir, Frau Schlange?"
„Ich hätte gerne eine neue Stimme", antwortete die Schlange. „Mein Zischen erschreckt die anderen Tiere. Sobald ich meinen Mund öffne, laufen sie weg und verstecken sich. In letzter Zeit fühle ich mich ein bisschen einsam."
„Hier sind Sie genau richtig", sagte der Mann. „Haben Sie an etwas Bestimmtes gedacht?"
„Irgendetwas Nettes – Freundliches", sagte die Schlange.
„Wie wäre es mit diesem schönen Vogelgezwitscher?", fragte der Mann.
„Ich glaube, ich hätte lieber ein Oink", sagte die Schlange.
„Oh nein!", antwortete der Mann. „Das ist fast die einzige Stimme, die ich nicht auf Lager habe."
„Sssschade!", zischte die Schlange. „Dann lasse ich das heute mit der Stimme und nehme stattdessen ein Geweih. Vielleicht gewinne ich damit Freunde."

Schrammelsurium

SCHRAMMEL SURIUM

G. Jakobs

Das große Festival der Tiere

Es war das größte Ereignis, das die Tierwelt jemals gesehen hatte. Drei Tage Singen, Tanzen und Lachen unter freiem Himmel. Drei Tage lang traten die größten Stars auf, die die Welt kannte. „Willkommen in Woodstock" stand auf dem großen hölzernen Schild am Eingang, auf dem langhaarige Geier saßen.

Hunderttausende waren gekommen, aus allen Teilen der Welt, und versammelten sich vor der Bühne. Einträchtig sangen und feierten sie nebeneinander: Löwen und Antilopen, Katzen und Mäuse, Haie und Robben, Spinnen und Fliegen, Wölfe und Rehe – ja sogar Adler und Kaninchen.

Giraffen ließen Hamster und Meerschweinchen auf ihre Schultern steigen, damit sie besser sehen konnten. Nashörner trugen Flamingokinder durch die Gegend. Pinguine watschelten in langen Reihen durch die Menge. Sogar Goldfische waren gekommen und schunkelten in ihren Aquarien vor sich hin.

Schon wurde der erste Stargast angekündigt: Elvis Elefant. Die Menge johlte. Er war zwar etwas in die Jahre gekommen, aber sein unnachahmlicher Hüftschwung versetzte immer noch alle in Begeisterung. Er rockte, bis ihm sein Glitzeranzug in Fetzen vom Leib hing. Dann folgte die Hauptattraktion des Tages: Lady Kakadu. Dreißig kleine Äffchen waren damit beschäftigt, ihr ein Kostüm nach dem anderen heranzuschleppen.

Der zweite Tag begann mit Ringo Dingos großer Schlagzeugshow. Danach traten Madonna Meise und Heino Habicht auf, zum ersten Mal im Duett vereint, und

D. Reinhardt | A. Arndt

am Abend gab es eine Sensation: Der schon fast tot geglaubte Dackel Jackson erschien auf der Bühne. Er präsentierte seinen legendären Moonwalk, wobei er sich ab und zu auf die Ohren trat, und im Hintergrund sang sein süßer Welpenchor.
Am dritten Tag begann es zu regnen. Aber das störte die Menge nicht, alle zogen tanzend und singend zu einem Schlammloch und suhlten sich darin. Und dann war es so weit: Die Rollenden Schweine traten auf. Fast wäre die Bühne unter ihnen zusammengebrochen und die Zitteraale, die für den Strom zuständig waren, hatten alle Zähne voll zu tun, dass der Sound nicht außer Kontrolle geriet.
Schließlich war das Festival vorbei. Nass und schmutzig, mit Schlamm bespritzt, zogen alle wieder ab. Einige wankten bedenklich, sie hatten wohl etwas Falsches gegessen. Manche schwebten über dem Boden, obwohl sie gar keine Vögel waren. Aber alle waren glücklich.
Viele Tage und Wochen vergingen, bis die Tiere wieder in ihrer Heimat angekommen waren. Sie erzählten, was sie gesehen und erlebt hatten. Und so verbreitete sich die Legende von diesem Ereignis über die ganze Welt. Vom Nordpol bis zum Südpol erzählt man sich seitdem von diesen drei Tagen, an denen alle Tiere friedlich miteinander sangen und feierten. Von diesen drei Tagen – die niemals wiederkommen sollten.

Das Orchester der Tiere

"Viel zu oft derselbe Kram!",
dachte sich der Löwe lahm.
Und spielte -reichlich unverzagt-
falsche Noten -ungefragt!
Erst zuckte ein Öhrchen,
dann wippte ein Schwanz.
Der Dirigent bat das Nilpferd zum Tanz.
So ist es halt bei solchen Sachen:
Einer muss den Anfang machen.
So gab es dann kein Halten mehr.
Die Maus, das Schwein, der Grizzlybär
tanzten, bis die Schwarte krachte,
bis morgens früh die Sonne lachte.
Auch der Löwe grinste nett,
ging nach Hause, fiel ins Bett,
dachte an das schöne Gnu
und machte dann die Augen zu.

Das stärkste Tier der Welt

Ein für alle Mal wollten die Tiere herausfinden, wer der Stärkste unter ihnen war, damit es keinen Streit mehr darüber gab. Und so trafen sie sich eines Tages auf einer Lichtung im Wald, um in einem Turnier den König der Tiere zu ermitteln.
Auf großen Tribünen saßen die Zuschauer: Paviane und Papageien, Käfer und Katzen, Hunde und Hasen, alles schnatterte und plapperte durcheinander. Das Kampfgericht bestand aus einem gelehrten Uhu, einer weisen Brillenschlange und einem vorwitzigen Biber, der mit seinem selbst genagten Bleistift fleißig alles mitschrieb.
Als Erster betrat ein riesiger Grizzlybär die Arena. „Ich bin das stärkste aller Tiere!", verkündete er und ließ seine Muskeln spielen. Ein Raunen lief durch das Publikum. Wer sollte diesen Athleten bloß besiegen?
Da kam schon der Herausforderer: Ein Känguru mit Boxhandschuhen sprang in den Ring. Kreuz und quer hüpfte es, hin und her, bis der Grizzly gar nicht mehr wusste, wo ihm der Kopf stand. Dann versetzte das Känguru ihm einen gewaltigen Kinnhaken. Der Bär wankte und stürzte ohnmächtig zu Boden.
Das Publikum tobte. „Känguru, Känguru"-Sprechchöre hallten über die Lichtung. Doch noch während das Känguru sich feiern ließ, ertönte ein mächtiges Brüllen. Der Löwe fegte in die Arena, riss sein Maul auf und fauchte das Känguru dermaßen an, dass es davonwehte und in die Bäume flog.
Ehrfürchtige Stille breitete sich im Publikum aus. Der Kampf schien entschieden. Da erzitterte plötzlich die Lichtung wie bei einem Erdbeben. Der Boden schwankte, Bäume wurden entwurzelt und flogen durch die Luft.

Und dann war er da: der Tyrannosaurus Rex! Als der Löwe ihn sah, zog er den Kopf ein und floh Hals über Kopf. Der Uhu und die Brillenschlange sahen sich an. Kein Zweifel: Der König der Tiere war gefunden. Genau in diesem Moment schlenderte ein kleines Stinktier über die Lichtung. Es wusste nichts von dem Turnier und kam nur zufällig vorbei. Der Tyrannosaurus aber hielt es für einen Herausforderer und baute sich vor ihm auf. Da drehte es sich um, reckte den Hintern hoch und ... pupste! Der Stinktierpups stank fürchterlich! Der Saurier brüllte auf, taumelte und rannte davon.
Für einen Augenblick war es mucksmäuschenstill, dann brach ohrenbetäubender Jubel los. Die Menge stürmte die Arena und trug das kleine Stinktier auf den Schultern zum Siegerpodest. Dort setzte ihm eine schlanke junge Gazelle feierlich den Lorbeerkranz auf.

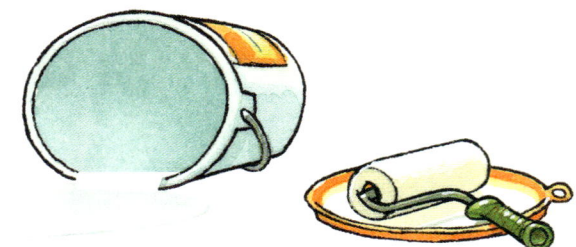

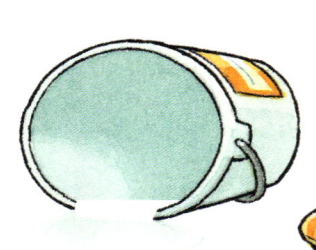

Affentheater

Es ist längst dunkel geworden im Zoo. Alle Tiere schlafen, nur die Eule und das Waldkäuzchen sind wach.
Moment! Im Affenwald tut sich noch etwas! Zwei kleine Affen wetzen einen Baum hinauf. Huuuiiii, um Affenhaaresbreite hätte Anton seinen Bruder Sam gefangen. Schnell hüpft er Sam hinterher auf den nächsten Baum. Noch ein großer Sprung und …
„Hab dich!", ruft Anton.
„O.k., o.k.", japst Sam atemlos. „Diesmal hast du gewonnen, Anton. Aber du wirst gleich sehen, wie schnell ich dich wieder fange!" Und weiter geht die Jagd durch den Affenwald, kreuz und quer durch die Baumwipfel. Erst als die Nacht schon fast wieder vorbei ist, legen sich die beiden schlafen.
Am nächsten Morgen ruft Affenmama Adele die beiden Brüder: „Aaaaaanton! Saaaaaaaaahaaam!" Keine Antwort. Die Affenmutter ruft noch zwei Mal nach ihren Jungen und klettert dann aufgebracht hoch zum Schlafast.
„Ich werde fuchsteufelswild, wenn ihr jetzt nicht aufsteht!", wettert sie. „In zehn Minuten sind die ersten Zoobesucher hier."

„Gnaaaa!", gähnt Sam. „Es ist doch jeden Tag dasselbe Affentheater, Mutti… Brüderchen Fips lenkt die Gäste mit seinen Vorwärtsrollen ab, während Onkel Alfons eine Handtasche oder einen Fotoapparat klaut."
„Genau", ergänzt Anton, „und dann tu ich so, als ob ich aus dem Baum falle, und halte mich in letzter Sekunde am Ast fest. Völlig ööööööde."
„Ich sage euch mal, was öde ist!", schimpft Adele. „Affen beim Schlafen auf Ästen zusehen. Dafür geht doch niemand in den Zoo." Anton hält sich die Ohren zu, Sam verdeckt die Augen mit den Händen. „Eine wilde Affenjagd hingegen", fährt die Mutter listig fort, „sehen die Leute gern … Aber wenn ich euch so betrachte, ist da nicht viel zu erwarten."
Anton nimmt die Hände von den Ohren und Sam blinzelt Anton zu. „Du bist's!", ruft Sam seinem Bruder zu. Im nächsten Moment ist er schon zwei Äste höher gesprungen. Wie der Blitz jagen beide Affen sich kreuz und quer die Bäume hinauf und hinunter, durch den ganzen Affenwald.
Affenmama Adele freut sich und mit ihr die Zoobesucher, die der wilden Jagd gebannt zuschauen.

Hundefimmel in meiner Familie

Kiki

Meine Oma hat einen Hund. Sie spricht mit ihm etwa so: „Kiki, mein Schätzchen, mein kleiner Liebling, mein Schnuckihund, du Liebling deines Frauchens!"
Meine Oma liebt es, Kiki Kleider anzuziehen.
„Komm, mein Schätzchen", sagt meine Oma dann, „wir ziehen dir dein hübsches Mäntelchen an!"
Sie zieht ihm auch Stiefelchen und einen passenden Hut an. Danach traut Kiki sich nicht mehr zu rühren, um sich ja nicht schmutzig zu machen.
Meine Oma füttert Kiki ständig mit Leckerchen.
Ich finde, dass Kiki schon sehr dick ist, aber meine Großmutter denkt, er ist der schönste Hund der Welt.

Hasso

Mein Patenonkel hat auch einen Hund.
Einen Deutschen Schäferhund oder so etwas Ähnliches.
„Fass, Hasso", sagt mein Patenonkel ständig, „mach schon, fass!" Dann läuft Hasso hin und her und bellt dabei ganz laut! „Mach fein!", sagt mein Patenonkel zu seinem tapferen Hasso. „Gib Pfötchen! Fang! Platz! Sitz! Bei Fuß!"
Mein Patenonkel liebt es, seinem Hund Befehle zu geben.
Wenn sein tapferer Hasso Katzen jagt und Stöckchen holt, dann lacht er …
Ich glaube, er ist sehr stolz auf ihn. Aber ich mag den Hund meines Patenonkels gar nicht so besonders.

Darling

Meine Tante besitzt auch einen Hund. Er heißt Darling. „Darling hat einen Krötenkopf und Mäuseohren", sage ich im Spaß zu meiner Tante.

Aber meine Tante findet das nicht lustig. Sie stößt entzückte Schreie aus und drückt ihren Liebling fest an ihre Brust. Darling bekommt nur sehr teures Futter, weil er ein sehr vornehmer Hund ist.

Er frisst ganz unmanierlich und macht dabei viele Geräusche. Meine Tante freut sich darüber, als hätte er eine Heldentat vollbracht.

Ich finde, dass Darling nicht nur hässlich, sondern auch ziemlich dumm ist. Wenn ich ihn streicheln möchte, zeigt er mir eine ganze Reihe spitzer kleiner Zähnchen und macht: „Grrrrrrrrrrrrrrrrrrr grrrrrrrrrrrrrrrrrr!"

Als ob er mir Angst einjagen könnte!

Prosper

Ich habe auch einen Hund. Einen ganz normalen Hund! Mein Hund heißt Prosper. Der ist nicht zu groß und nicht zu klein. Ich behandle ihn nicht wie ein wertvolles Ding, ich verlange keine blöden Sachen von ihm, ich ziehe ihm keine Kleider an.

„Komm, Prosper, wir drehen eine Runde", sage ich zu ihm. Prosper liebt es, mit mir und meinen Freunden spazieren zu gehen.

Manchmal sage ich auch: „Komm, wir spielen!"
Da wird er fast verrückt!

Mein Hund frisst ganz normales Futter.

Am Abend legt er sich in seinem Körbchen neben meinem Bett schlafen.

Wir erzählen uns viele Geschichten über die Hunde von meiner Oma, meinem Patenonkel und meiner Tante. Und dann lachen wir uns zusammen kaputt!

A. I. Le Touzé

FIMMELSURIUM

Tausendfüßler Berthold Bimmel

Der Tausendfüßler Berthold Bimmel,
der hatte einen schlimmen Fimmel.
Er mocht sich nur in Schuhen sehn,
ja, ohne wollt er gar nicht gehn.

An seinen zehn mal hundert Füßen
konnt er die tollsten Schuh begrüßen:
Sandalen, Pumps und Stiefeletten
mit Schnüren, Glöckchen, bunten Ketten.

500 Paar warn sein Besitz,
die zog er täglich an, kein Witz!
Kam er des Abends müd nach Haus,
so mussten erst die Schuhe aus.

Das dauerte bis Mitternacht,
und wenn am Morgen er erwacht',
lief er sofort zu seinen Schuhn,
sie an den richtgen Fuß zu tun.

Das dauerte bis nach 12 Uhr.
Ach, könnt der arme Berthold nur
einen andren Fimmel hegen.
Es wäre ein wahrer Segen!

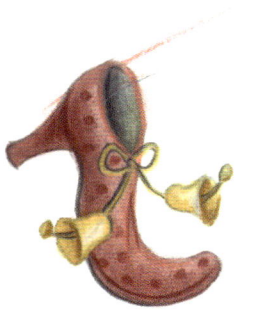

Die bunten Eier

In Pungs, da lebt die Henne Mey,
die legt, wie jeden Tag, ein Ei.
Doch als sie aufsteht – was ist das?
Das Ei ist groß und grün und nass!

„Das brüt ich aus", denkt sie sich nun.
„Was wär ich denn sonst für ein Huhn!"
Der nächste Tag – das nächste Ei,
doch was ist das, auwei, auwei!

Ganz kunterbunt und mittelgroß!
Was ist nur mit Meys Eiern los?
Doch diese wartet ganz vergnügt,
wie wohl ihr nächstes Ei aussieht.

Nächster Morgen – nächstes Ei.
Doch wo ist nur Ei Nummer drei?
Aha, ganz klein liegt's nebenan,
knallrot mit schwarzen Punkten dran!

Die Henne wochenlang nun brütet,
jedes Ei ist wohlbehütet.
Dann macht es KNACK und mit Trara
ist nun der ganze Nachwuchs da:

Das erste ist ein Krokodil,
ein Papagei ist auch im Spiel.
Und unsre kleine Nummer drei
war ein Marienkäferei!

M. Elitez

Getiergedichte

Auf meiner Schulter
Komm, ich trag dich, kleine Maus.
Komm, ich trag dich auch nach Haus.
Wir sind schon den ganzen Tag gegangen.
Oft hast du genörgelt:
Wann werden wir an unser Ziel gelangen?
Für deine Beine ist der Weg doch noch viel weiter.
Ich weiß ja:
In deiner Größe sind die Straßen auch viel breiter.
Deine Füße sind schon müde.
Du fällst ja doch fast um.
Komm auf meine Schulter!
Du sitzt oben;
ich lauf unten;
trag dich gern herum.

Flotte Hühner
Es gibt da sicher keinen Zweifel:
Flotte Hühner aus der Eifel
schauen gerne Autorennen.
Und es gaffen diese Hennen
jedem schnieken flotten Rennhahn
hinterher bis auf die Rennbahn.

Tiere machen Krach
Ach!
Alle Tiere
singen Chöre,
geben heute
laute Laute.
Viele jaulen,
manche maulen.
Ja, wie klingen
diese Stimmen?
Selten schimmernd,
eher wimmernd,
sich verschlimmernd,
wenig zierlich,
also ziemlich
schlecht und schlimm,
dünn und schlapp.
Kurz und knapp:
So ein Krach!!!

Messer, Schnabel, Löffel
Hör mal, liebes Schnabeltier,
nimm bitte die Gabel hier!
In die rechte Hand das Messer;
und das Essen klappt viel besser!
Isst du aber Ei und Brei,
fehlt der Löffel noch dabei.
Grundsätzlich sei auch bedacht,
ist ein Teller angebracht.
Denk mal ans scheinbar Banale:
Manchmal brauchst du eine Schale.
Halte besser Flüssigkeit
trinkbar in 'nem Glas bereit!
Sonst zerläuft dieses Gemisch
einfach auf dem Essenstisch.
Mach jetzt deinen Teller leer!
Wie? Du hast kein' Hunger mehr?

G. Jakobs

Die Milch-Macher

Muh sagt die Kuh
ich fresse immerzu
die Blumen und das grüne Gras,
Heu, Kräuter und ich weiß nicht was,
dann kau ich alles wieder,
dazu leg ich mich nieder.

Und ist mein Euter dick und prall,
führt mich der Bauer in den Stall.
Dort werde ich gemolken,
denk dabei an die Wolken.

Aus Milch kann man so gute Sachen
wie Butter, Käse, Joghurt machen,
die machen munter, fit und stark.
(Ach ja, da fehlte noch der Quark.)

Okay, nickst du: Milch gibt die Kuh.
Doch nicht nur die, was denkst denn du!
Zieg und Schaf wirst du vermuten,
doch Kamele, Esel, Stuten,
an die hast du wohl nicht gedacht!
Muh sagt die Kuh und lacht.

Olle Otterregel

Schwimmt der Otter auf dem Rücken,
quälen ihn die fiesen Mücken.
Schwimmt er aber auf dem Bauch,
stechen ihn die Mücken auch.

Schönheitsideale im Wandel der Zeiten

Tief im Ur-ur-ur-urwald
lebte einst der Saurier,
liebte nicht seine Gestalt,
wurde immer traurijer.
„Ach, ich bin so groß und schwer,
kann mich kaum erheben,
wenn ich klein und leichter wär,
was würd ich drum geben!"
Sprach's, starb aus und wurd im Bett
aus Schlamm Millionenhundert
Jahr später zu dem Stein-Skelett,
das man heut bewundert.
Merke:
Ist zurzeit etwas nicht schick,
wart eine Million Jahre,
dann ist in Mode groß und dick
und gänzlich ohne Haare.

Ch. Leesker

Das grosse Ei

Herr Vogel suchte nach Zweigen, um sein Nest zu erweitern. „Dieser ist besonders schön", sagte er. „Da wird sich meine Frau freuen." Frau Vogel ist im Nest geblieben. Sie hatte vor ein paar Tagen ein Ei gelegt und brütete jetzt.
Das Ei war ihr ganzer Stolz. Seltsamerweise kam es ihr aber so vor, als ob sie jeden Tag ein bisschen höher säße. „Merkwürdig", sagte sie zu ihrem Mann, „können Eier wachsen?"
„Mach dir keine Sorgen, mein Schatz", antwortete Herr Vogel, „aus unserem Ei wird eben ein besonders großes Küken schlüpfen!" Frau Vogel atmete auf und brütete weiter.
Die Tage und Wochen vergingen. Alle anderen Küken in der Nachbarschaft schlüpften, nur Frau Vogel brütete noch immer. Ihr Ei wuchs und wuchs. Jeden Tag saß sie ein bisschen höher als am Tag zuvor, schaute heimlich die Jungvögel der Nachbarn an, schielte auf ihr eigenes Ei und übte sich in Geduld.
Und dann, eines Morgens: „Komm schnell!", rief Frau Vogel ihren Mann. Der Ast, auf dem sie saß, bog sich unter dem Gewicht ihres riesigen Eis. „Wenn sich nicht bald etwas ändert", jammerte sie, „fällt unser Ei aus dem Nest." Herr Vogel versuchte seine Frau zu beruhigen. Er sammelte Moos und Stroh und baute ein weiches Notfall-Kissen auf dem Boden.

Das Ei und die Sorgen von Frau Vogel wuchsen weiter. Der Ast bog sich gefährlich und eines Tages passierte es: Das Ei purzelte aus dem Nest und stürzte zu Boden! Trotz des Notfall-Kissens war ein schreckliches Knacken zu hören. „Tatü, tata!", heulte Herr Vogel und flog nach unten. In einem Haufen von zerbrochenen Eierschalen sah er aber ein heiles Ei. „Liebling!", rief er und holte seine Frau, „es ist nichts passiert!"
„Ach!", seufzte Frau Vogel und setzte sich schnell wieder auf das Ei, das ihr jetzt ein wenig kleiner vorkam. Sie streichelte es zärtlich, dann hörte sie erneut ein Knacken. Entsetzt sah sie ihren Mann an. Das Ei zerbröckelte unter ihr! Aber in diesem kam ein weiteres, noch kleineres zum Vorschein! Herr und Frau Vogel tauschten einen besorgten Blick und warteten.
Knack! Knack! Knack!
Immer wieder zerknackte die Schale, bis endlich aus dem letzten, winzigen Ei ein ganz kleines Küken herausguckte.
„Piep!", sagte das Küken.
„Piep, piep, piep!", begrüßte Frau Vogel ihr Baby. Herr Vogel lachte, dann breitete er seine Flügel aus und umarmte seine ganze Familie.

Pummel-Hummel

Hummel bummelt sumselnd herum.
Brumselt auf der Wiese rum,
futtert süße dicke Pollenknollen
– aber nur ein paar –
der Rest kommt in den Pollenstollen!
Ein Happen in die Pollentaschen
und einen Happen – naschen!
Unbeeilt, weil lang geweilt,
lugt eine Wespe um die Ecke,
folgt Hummel eine Strecke,
schreit: „Heeeee! Pummel! Pum-mel!"

„Hallo", sagt die Hummel.
„Verstehst du nicht? Du bist ein Pummel!"
„Ja, schönen guten Tag. Nur: es heißt Hummel."
Freche, fiese Sprüche machen,
einfach irgendwen auslachen;
Wespen sind gehässige Kanaillen!
Und furchtbar stolz auf ihre Wespentaillen.

„Pummel! Pummel! Gott, was bist du pummelig!"
„Haha, ja danke. Doch: es heißt *hummelig*!"
„Nein! Ach was, was bist du dumm:
pummlig, weich und kugelrund!"
„Ja! Hummelig!"
„Nein! Pummelig!"
„Du Quatschkopf. Das Wort gibt es nicht."
„Ihr Hummeln kennt wohl nicht so viele Worte?"
„Nur die guten: Pollen, Honig, Torte."
„Kein Wunder, dass du pummlig bist."
„Du weißt wohl nicht, was *hummlig* ist?
Hummlig sein heißt lecker schmausen,
gerne süß, dann viele Pausen.
Ein kleines Säckchen Pollen sammeln,
ein Stündchen in der Sonne gammeln.
Im Sommer *muss* man manchmal einfach hummelig sein!
Sonst hat man nicht viel Spaß am Sonnenschein!
Darfst mich also gerne hummlig taufen."
„Es ist nur noch zum Haareraufen!
So viel Quatsch auf einem Haufen!"
Die Wespe Heidi zieht ziemlich frustig
davon – Wespen sind nun mal *so gar nicht* lustig.

Superhummel will Rennfahrer werden

Es ist mucksmäuschenstill. Alle starren wie gebannt auf den Start. Grüüüüüüüüün! Die Rennwagen rollen los, aber erst mal nur ganz gemächlich. Kein Motorheulen, kein Qualm. Ist das denn überhaupt ein richtiges Rennen?
"Klaaaaro, und ob!", ruft Superhummel und winkt im Vorbeifahren den Bienchen zu. Schließlich hatte Superhummel fast einen ganzen Nachmittag lang an seinem Hummelmobil gebastelt.
Das kommt jetzt langsam in Schwung und saust den Hang herunter. Superhummel ist jetzt schon Dritter. Vor ihm ... nur noch Maikäferkäfer und Silberfischpfeil. "SUPERHUMMEL! SUPERHUMMEL!" Die Menge feuert ihren Helden an. Gut, dass dieser heute Morgen reichlich Honig und Tulpenstängel gefrühstückt hat. Er wird immer schneller. Mit großem Schwung geht es jeden Augenblick auf die Zielgerade. "Gleich hast DU sie!" Jajaja! Doch was ist das? Eine Kurve! Superhummel sucht verzweifelt nach dem Lenkrad, doch vergeblich. Er hat tatsächlich vergessen, ein Lenkrad einzubauen. WROOOOMMMMS, Bruchlandung im Sperrmüllhaufen vom Stubenbrummer Leenen.
Das Rennen ist verloren. Doch Superhummel sucht im Haufen schon nach neuen Bauteilen. Da! Und da! Superhummel hat bereits alles beisammen und hämmert sofort los. Denn nächste Woche startet der große Preis von Kriechheim und da will Superhummel unbedingt gewinnen.

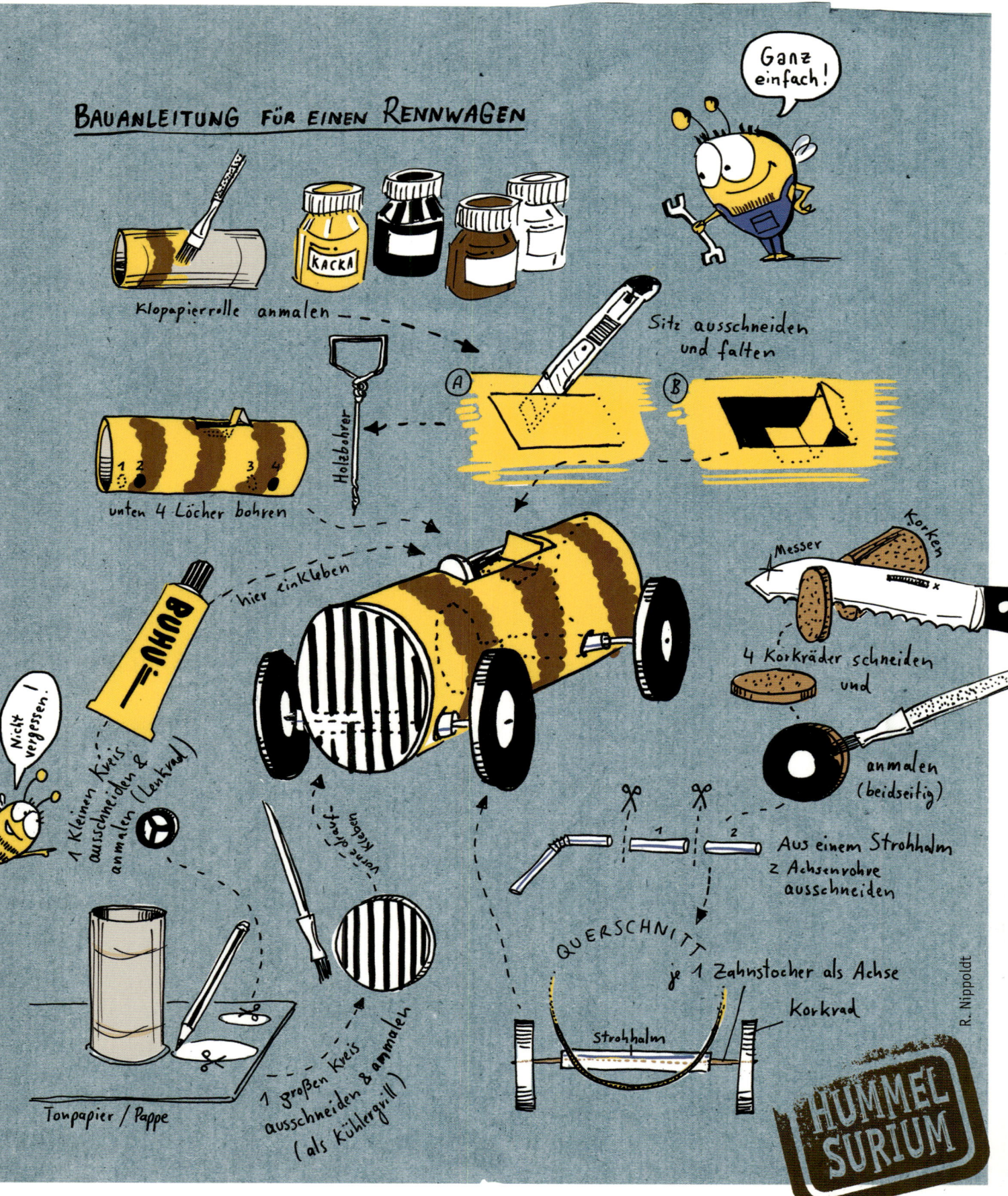

Superhummel rettet Spinne Ein Handtheater zum Mitspielen

Die roten Wörter können mit den gezeigten Handbewegungen nachgespielt werden.

Superhummel fliegt wie jeden Morgen gemütlich durch den Wald, schnuppert genüsslich an den Blumen und landet schließlich auf seinem Lieblingsplatz: dem Honigglas. Hamhamham. „Oh, ist das lecker." Doch heute ist irgendwas komisch. So still. Plötzlich ein Rufen. „Hiiilfe, Hiiilfe!" Es ist der Hirsch. Ohne Erklärung rennt er an Superhummel vorbei. Stille. Und schon wieder Schreie: „Hiiilfe!" Diesmal vom Fuchs und vom Krokodil, die auch einfach an Superhummel vorbeirasen. „Der Sache muss ich auf den Grund gehen", beschließt Superhummel und fliegt los. Es stinkt. Und da sieht Superhummel auch schon, was seine Freunde so in Angst versetzt: FEUER! Oje, Feuer ist der Feind des Waldes! Zum Glück haben sich alle Tiere in Sicherheit gebracht. Alle? Nicht die Spinne! Sie hat sich in der Hektik in ihrem eigenen Netz verfangen und zappelt wild umher. Das Feuer kommt immer näher. Superhummel fliegt rasend schnell zur Spinne und versucht die Fäden durchzubeißen. Keine Chance. Die Spinne sitzt fest! Da fällt Superhummel ein, dass er ja einen Stachel hat. Und mit fünf gezielten Stichen durchsticht Superhummel die klebrigen Fäden. „Los, halt dich an mir fest!" Doch die Spinne ist zu schwer und die beiden stürzen ab. Kein Problem, Superhummel hat schon eine neue Idee. Wie der Blitz rast er davon. Beeil dich, Superhummel. Das Feuer! Nur ein paar Sekunden später kommt Superhummel mit einem Freund zurück: dem Adler. Schnell setzt er die Spinne auf seinen Rücken und fliegt zu den anderen. Hirsch, Fuchs und Krokodil jubeln und umarmen Superhummel, Adler und die Spinne. Und als es dann noch wie aus Eimern zu regnen beginnt und das Feuer erlischt, feiern sie bis tief in die Nacht ein großes Fest.

R. Nippoldt

HUMMELSURIUM

Hummel, Hummel Bumm. Bumm.

HUMMEL BRUMMELT SUMMEND HERUM...

AH! FENSTERSCHEIBE! Bumm.

NANU?!? NIX PASSIERT!

LIEBER GANZ SCHNELL WEITER!

Bumm.

WIE? WAS? SCHON WIEDER? DIR ZEIG ICH'S!

ABER JETZT MIT SCHMACKES!!

Bumm.

WAS?? OH WEH.

EUCH ZEIG ICH'S, DIE SCHEIBE FLIEG ICH UM!

D. Niehaus

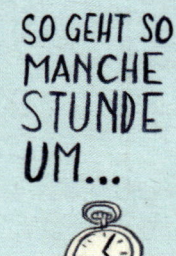

Martin, der Pinguin

Nie darf Martin „Super-Pinguin gegen Juri, den Eisbären" gucken.

Gemeine Mama! Da zieht er lieber aus.

Hurra! Das ganze Eis gehört ihm.

Ob Mama sich schon Sorgen macht?

Hilfe! Das ist bestimmt Juri, der Eisbär!

Er kommt immer näher …

Das Matsch-Mammut-Lied

Es war einmal vor langer Zeit,
als auf der Erde weit und breit
die tollsten Tiere sich vergnügten,
sich leider aber auch bekriegten.

Das Mammut war nur eins davon,
aber das größte war es schon.
Es hatte langes, dichtes Fell,
nur war es nicht besonders schnell.

Es gab da auch ein Mammutkind,
und so wie Kinder nun mal sind,
zog es mit seiner Mammutmutter
durchs weite Land und suchte Futter.

Und war die Mama einmal weg,
so kam das Kleine ins Versteck.
Doch leider blieb es nicht darin,
ihm stand nach anderem der Sinn.

Was es am allerliebsten tat:
Es nahm im tiefsten Matsch ein Bad.
Wenn es so richtig schlammig war,
ja, dann war alles wunderbar.

Die Mama fand das gar nicht witzig,
bei so was wurd sie richtig hitzig.
„In dem Versteck, da sollst du bleiben,
anstatt dich hier herumzutreiben!"

Aber das Mammutkind war stur
und dachte sich: Was soll das nur?
Kaum war die Mama wieder weg,
vergnügt' es sich im schönsten Dreck.

Da schlich sich an das Kleine ran
der Tiger mit dem Säbelzahn.
Ein Mammut, dacht er, ei der Daus!
Das wird ein leckrer Gaumenschmaus.

Er pirscht' sich an auf leisen Sohlen,
um sich das Mammutkind zu holen,
und stürzte sich mit viel Getöse
auf seine Beute jetzt, der Böse.

Das Mammutkind drehte sich um,
es sagte nichts, es blieb ganz stumm,
bewarf jedoch den Tiger, *flatsch!*,
mit einer Riesenportion Matsch.

Da stand er nun, der große Held,
und war ganz jämmerlich entstellt.
Er zog die Säbelzähne ein
und schlich geprügelt wieder heim.

Von nun an durft das Kleine suhlen
in allen Pfützen, Tümpeln, Pfuhlen.
Die Mama war jetzt guten Mutes,
so hat der Schlamm doch auch sein Gutes!

Bestiarium
Die Wollmaus
(Mus lanatus)

Wollmaus-unterarten:

1. Die feine Staubmaus
2. die fluffige Fluselmaus
3. Die plauschige Riesen-Wollmaus
4. Die flockig-haarige Mammut-Wollmaus

Wollmäuse leben in Fluren, Kellern und Garagen, aber auch in Wohnungen. Vor allem findet man sie da, wo es sehr staubig ist, denn Staub ist ihr Hauptnahrungsmittel. Außerdem fressen sie Flusen, Krümel und Spinnweben. Wollmäuse sind scheu und verkriechen sich gerne in die hintersten Ecken, bevorzugt unter Sofas und Schränken. Dort wachsen sie stetig und verbreiten sich am stärksten.

Die natürlichen Feinde der Wollmäuse sind Staubsauger, Besen, Kehrblech und Wischmopp. Doch selbst, wenn sie größere Mengen Wollmäuse „verputzen", können sie der Spezies nicht ernsthaft schaden. Nach kürzester Zeit ist die alte Population dieser sehr robusten und hartnäckigen Art wieder hergestellt.

Vielen Menschen ist die Wollmaus zuwider, heftigster Ausdruck dieser Abneigung ist wiederholtes Niesen. Doch kann der schwebende Gang der Wollmaus durchaus als elegant und formvollendet empfunden werden.

G. Jakobs

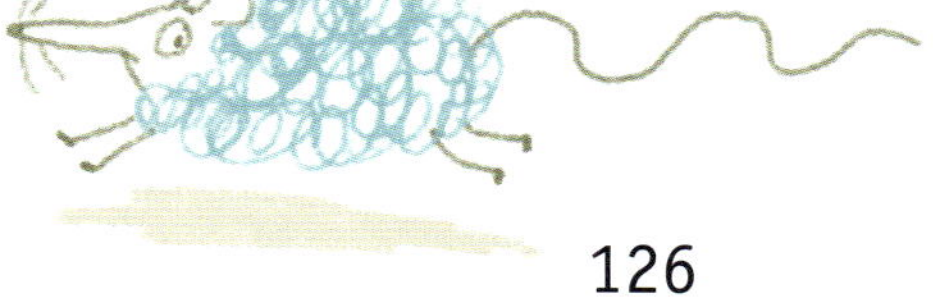

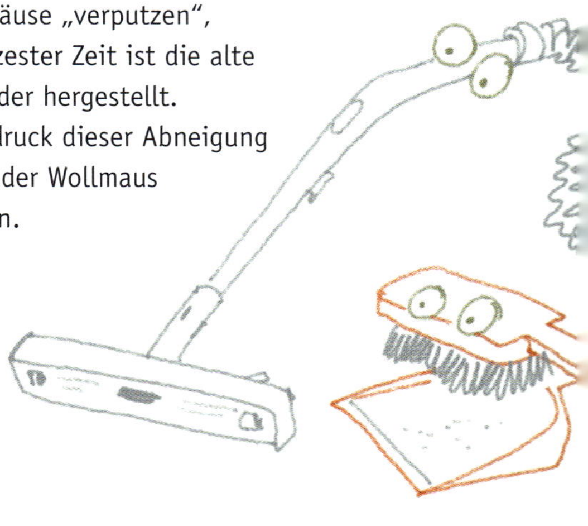

Mümmelsurium der Tiere

Die Ballade vom Vielfraß

Es war einmal ein kleiner Vielfraß,
der leider immer viel zu viel aß.
Wie sollt er das auch besser wissen,
die Eltern warn ja selbst verfressen.

Er fraß und fraß den ganzen Tag,
ob er nun stand, saß oder lag,
egal ob's warm war oder kalt,
er fraß zu Hause und im Wald.

Er fraß gern Hühnchen und auch Pute,
das passte rein in seine Schnute.
Er mochte Würstchen gern und Kuchen,
da konnt er stundenlang nach suchen.

Er liebte Eis mit Schokolade,
dazu einen Eimer Limonade.
Er starb für Erbsenbrei mit Pflaumen,
da schwoll ihm regelrecht der Gaumen.

Er schätzte Rübenmus mit Speck,
da blieb ihm glatt der Atem weg.
Und gab's mal Braten, schönen kalten,
da war der Vielfraß nicht zu halten.

Er hatte tausend Lieblingsspeisen
und war er irgendwo auf Reisen,
dann nahm das Schicksal seinen Lauf,
er fraß sogar die Länder auf!

Er fraß und fraß mit Glück und Wonne,
dann war er rund wie eine Tonne.
Seitdem, da eiert er herum
und kann nicht stoppen – das ist dumm!

Wenn ihr ihn auch mal sehen wollt,
wie er so durch die Gegend rollt,
dann ruft ihn laut und – fideldei! –
vielleicht kommt er bei euch vorbei.

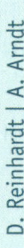

D. Reinhardt | A. Arndt

MÜMMEL SURIUM

Tierischer Hunger

Montags mampft Miezekatz Grete
vier Portionen Mauspastete.

Dienstags diniert Delfin Dante
Krill an Dill bei seiner Tante.

Mittwochs verputzt Maxi Meerschwein
Marmorkuchen und gern Kirschwein!

Friedo rettet Emil

In einer herrlichen, sternklaren Nacht saßen die beiden Mäusefreunde Friedo und Emil auf dem Ast eines Baumes am Waldrand. Dieser Platz bot eine wunderschöne Aussicht auf das bunte Lichtermeer der im Tal liegenden Großstadt.
Emil gähnte. „Gute Nacht, Friedo", sagte er. „Ich gehe jetzt schlafen."
„Gute Nacht, Emil!" Friedo beobachtete, wie sein Freund am Stamm hinunterkrabbelte und im Gebüsch verschwand. Er selbst blieb noch sitzen und schaute sehnsüchtig zur Stadt hinüber. Das Leben dort war bestimmt viel aufregender als hier im Wald.
Plötzlich hörte er ein ungewöhnliches Geräusch. Ein Jeep hielt direkt vor seinem Baum. Aus dem Fahrzeug stieg eine Bande Mäuse. Alle waren schwarz gekleidet und verschwanden im Wald.
„Potz Blitz, was ist denn das?", fragte sich Friedo und beobachtete den Waldboden. Nach kurzer Zeit raschelte es im Gebüsch.

Heraus kam die Bande mit einem verschnürten Bündel. Aus dem Bündel ragten zwei Mäuseohren hervor. Hilfe, sie hatten Emil! Blitzschnell waren die Kidnapper mitsamt ihrer Beute im Auto verschwunden. Die kleinen Scheinwerfer leuchteten, der Motor heulte auf und mit durchdrehenden, Erdklumpen verschleudernden Reifen brauste der Jeep los in Richtung Stadt.
Dabei fiel etwas Rundes aus dem Wagen. Friedo kletterte flink vom Baum und hob es auf. Es war eine zerknüllte Serviette! *Pizzeria del Gatto* stand da, dazu Straße und Hausnummer. Da wollten die Schurken also hin?
„Emil, ich rette dich!", murmelte Friedo, packte die Serviette in seinen Rucksack und wetzte los. Rasend schnell fuhr das Auto über die kurvige Landstraße ins Tal hinab. Dann ging es mit quietschenden Reifen über Brücken, durch Tunnel und über Kreuzungen bis in die Innenstadt.

Friedo nahm die Abkürzung über die Felder. Er hatte Mühe, bei dem Höllentempo Anschluss zu halten. Er keuchte. Auf einmal verlor er das Auto aus den Augen! Er schaute sich suchend um.
Da! Über einer Toreinfahrt stand in großen Buchstaben: *Pizzeria del Gatto*. Er huschte durch das Tor, gelangte in den Hinterhof und versteckte sich hinter einer Mülltonne. Das Restaurant schien geschlossen zu haben, fast alle Fenster waren dunkel. Gespenstisch fiel fahles Licht in den Hof.
Friedo entdeckte den Jeep. Er war leer. Aber das zappelnde Bündel mit Emil lag auf einer Holzkiste auf der anderen Seite des Hofs. „GABENTISCH" stand in roter Farbe auf der Kiste.
In diesem Augenblick ging die Tür der Pizzeria auf, die Bande kam herausgeflitzt, sprang in den Jeep und fuhr davon. Jetzt oder nie! Friedo rannte zum Emil-Bündel und zerrte mit Pfoten und Zähnen an den Schnüren. Emil kam zum Vorschein. Friedo löste die Fesseln, Emil riss sich den Knebel vom Gesicht. Er schnappte nach Luft. „Gott sei Dank bist du da, Friedo!"
Plötzlich ging die Restauranttür wieder auf, ein großer Schatten tauchte auf.
Friedo und Emil starrten zur Tür: Hilfe, eine KATZE! Wie gelähmt standen Friedo und Emil auf der Holzkiste.
„Wen haben wir denn da auf meinem Gabentisch?", fragte die Katze. „Zwei leckere Mäuse aus dem Wald? Da hat die Bande der Stadtmäuse guten Geschmack bewiesen. Letzte Woche haben sie mich mit einem Käfer abspeisen wollen. Pfui Spinne!" Die Katze kam näher und murmelte: „Aber warum seid ihr nicht eingewickelt und verschnürt auf dem Gabentisch? Ich will meine Geschenke auspacken, bevor ich mit ihnen spiele!"
Emil stotterte: „Äh – wir sind nicht das Geschenk! Das echte Geschenk ist ..."
Die Katze beugte sich zu Emil hinunter. „Na, wo ist das Geschenk?", flüsterte sie.
Da kam Friedo eine Idee: „Das Geschenk habe ich dabei!" Er legte seinen Rucksack auf die Kiste. „Du musst es nur auspacken!"
Die Katze grapschte sich den Beutel und riss ihn auf.
In dem Moment flüsterte Friedo: „Renn, Emil, renn!" Die beiden Freunde hetzten aus dem Hinterhof. Hinter ihnen fluchte die Katze: „Zum Hamster mit euch, nur eine alte Serviette! Ihr blöden Waldmäuse! Na wartet, wenn ich euch erwische!" Aber Friedo und Emil waren schon außer Reichweite.
Als die beiden wieder auf ihrem Lieblingsplatz im Baum saßen, erzählte Emil, was er im Jeep belauscht hatte. „Die Stadtmäuse müssen der Katze jede Woche neue Geschenke bringen. Im Gegenzug werden die Mäuse von ihr in Ruhe gelassen."
Friedo seufzte. „Ich will doch nicht in der Stadt leben, hier im Wald ist es viel schöner!"
„Vor allem mit einem Freund an der Seite", sagte Emil und klopfte Friedo auf die Schulter.

Niels an Vanilla

Vanilla, du Göttliche, den Schlamm bis zum Bauch
stehst du dort im Wasser. Sag, liebst du mich auch?
Sperrst herrlich dein Maul auf, man sieht rosa Gaumen
und gelbliche Zähne sind auch zu bestaunen.
Es treten die Äuglein dir lieblich hervor
und oben am Kopf wackelt zierlich dein Ohr.
Oh schöne, oh feiste Vanilla du,
ich werde dich lieben immerzu!

Die Schwarte, in zartem Graurosa gehalten,
wirft an deinem Hals ein paar prächtige Falten
und um deine bebenden Nüstern ließen
die Götter dir kräftige Haare sprießen.
Dein Körper ist rundlich und prall und glatt,
in der Sonne getrocknet schimmert er matt.
Oh holdes, oh dickes Vanillalein,
wann wirst du endlich die Meine sein?

Ich würd deine Anmut für immer loben!
Wir würden gemeinsam im Wasser toben!
Zusammen fressen, zusammen dösen,
uns nie wieder eines vom anderen lösen!
Und in den warmweichen Uferschlamm
malten wir Herzen – und ein Monogramm:
V für Vanilla plus N für Niels,
in Liebe, auf ewig, am Strande des …

Reineke SUPER-FUCHS

Reineke SUPER-FUCHS hilft dir aus ausweglosen Zwickmühlen. So, wie er Mäuse schon hören kann, wenn sie nur unter der Erde fiepen und herumlaufen, hat er ein Superhelden-Gespür für Gefahrensituationen.

Übrigens schläft er tagsüber eigentlich in seiner Höhle. Doch wie er trotzdem einmal dem kleinen Kaninchen Alfred zu Hilfe eilte, erfährst du in der folgenden Geschichte:

Er wittert Angst über Tausende von Kilometern. Sein Sinn für Gerechtigkeit meldet sich blitzschnell, dann fliegt oder gräbt er sich zu seinen Einsatzorten, 100-mal schneller als jede U-Bahn.

Er ist klein und kann doch ganz groß erscheinen. Er ist: Reineke SUPER-FUCHS

Alfred wurde SUPER-FUCHS' größter Fan. Das Kaninchen war zwar klein, lernte aber, sich ganz groß zu machen.

Später wurde es: Alfred SUPER-KANINCHEN.

A. Keidies

DER MISTKÄFER

Ein schwarzes Tier bin ich, so klein.
Ich wünscht, ich könnte größer sein.
Am Boden lauf ich immerfort,
ich wünscht, es wär ein andrer Ort.
Und wenn ich sag: „Ich kann hoch fliegen!",
ich wünscht, ich müsst dabei nicht lügen.
Mein Name, der gefällt mir nicht,
ich wünscht, er wäre königlich.
Die Arbeit ist das Schlimmste noch,
im Mist ist sie, du weißt es doch.
„Mistkäfer" werde ich genannt
und weit und breit bin ich bekannt.
Doch ohne mich, bei meiner Ehr,
da gäb's vom Mist noch sehr viel mehr!

M. Elitez

Spinner und Brummer

Spinner lebt im großen Bücherregal. Er hockt dort in seiner Ecke und starrt auf Brummer, der summend seine Kreise zieht. Er fliegt einen Looping, knallt gegen das Gemälde über dem Sofa, torkelt um die Wohnzimmerlampe und klatscht gegen die große Standuhr. Von dort schlingert er in Richtung Bücherregal – direkt in Spinners Netz.

„Hehehe!", kichert Spinner. „Blind wie ein Maulwurf, was?"

„Nö, nur ziemlich kurzsichtig", sagt Brummer. „Dinge, die weit entfernt sind, kann ich nicht sehen, dafür aber die, die nah sind, ganz gut."

Er schaut die große Spinne an, die sehr nah ist.

„HILFE! EINE SPINNE!", schreit er. „Friss mich nicht, bitte friss mich nicht! Ich schmecke nicht, zu wenig Vitamine. Ich bin kurzsichtig, aber echt total nett, und …"

Brummer wird immer verzweifelter, ihm fällt nichts mehr ein.

„… und ICH KANN LESEN!"

Dieser Grund, ihn nicht zu fressen, kommt Brummer selber doof vor, doch die Spinne überlegt tatsächlich. Lesen? Das klingt interessant!

„Gut, gut." Spinner räuspert sich. „Nicht gefressen werden gegen vorlesen."

Er deutet auf das Bücherregal. „ALLE!"

„Alle?" Brummer schluckt ungläubig, doch was soll er machen?

Also schmökern sich beide durch das Bücherregal. Nun, Brummer schmökert, während Spinner mit geschlossenen Augen dem leisen Vorlesebrummen lauscht. Brummer brummt Geschichte auf Geschichte. Er brummt Tage, Wochen und Monate. Buch für Buch wird verbrummt. Schließlich hat er es geschafft: Alle Bücher sind vorgelesen.

„Tja, nun", sagt Brummer erschöpft, „das war's dann. Gefressen wird nicht mehr."
Spinner schaut auf seine acht Füße. Irgendwie hat er schon lange den Appetit auf die Fliege verloren. Eigentlich ist Brummer ganz in Ordnung.
„Ja nee. Wollte ich eigentlich von Anfang an nicht", murmelt er.
„Und dafür habe ich dir all die Bücher vorgelesen?" Jetzt wird Brummer aber sauer.
„Ja nun. Ich kann's halt nicht, Entschuldigung."
Da tut Brummer die Spinne plötzlich ein wenig leid.
„Ich bringe es dir bei", brummt er. So ertönt nach ein paar Monaten aus dem Bücherregal wieder regelmäßig ein leises Lesebrummen. Und in den Pausen klettert Spinner in sein Netz und ruft Brummer Fluganweisungen zu:
„RECHTS JETZT! LAMPE VORAUS! LEICHT NACH LINKS NEIGEN! DURCHSTARTEN!"
So haben schließlich beide etwas davon …

MARIE MARIENKÄFER UND DIE WETTE

Marie Marienkäfer und ihre Freundinnen wetten: Die Erste, die die ganze bunte Landschaft überquert, gewinnt!

Die Marienkäfer besteigen den ersten Hügel.
Der Bodenbewuchs ist ganz buschig.
Geschafft, hier kann man gut rennen.
Achtung, ein spitzer Hügel!

Ein tiefer Abgrund!
Marie springt mutig.

Da ist plötzlich ein großer Schatten über ihr.
Hilfe, das ist das gefährliche Fünfwürstetier!
Es will Marie zerdrücken!
Marie läuft, so schnell sie kann.

Bergauf, das ist anstrengend! Marie Marienkäfer und
ihre Freundinnen klettern und klettern und klettern
nach oben ... und purzeln wieder runter.
Das macht Spaß!

Und hopp! Hurra!
Marie hat gewonnen!

„Wollen wir morgen noch mal?"

A. I. Le Touzé

BRUMMEL SURIUM

Mustafa feiert Geburtstag

Früh am Morgen will sich Mustafa, der Stubenflieger, noch einmal in seinem Fliegenbettchen gemütlich umdrehen, als plötzlich ein brennender Geruch in seine Nase steigt.
„HIIILFEEE, FEUUUUUERRRR!", schreit er und steht senkrecht im Bett.
Seine beiden Freunde Mücke und Kater Berti stehen verdutzt vor ihm. „Ganz ruhig, Mustafa." Schon fangen sie an zu singen: „Haaappppy Birthday to youuuu." Dabei halten sie eine brennende Kerze in der Hand. „Du darfst dir was wünschen, Mustafa!"
„Wie, was, wo?" Mustafa ist noch etwas verwirrt. Endlich begreift er. „Ach, ich hab Geburtstag! Oh, danke, Kumpels!" Mustafa gähnt. „Ich wünsch mir ein ganz entspanntes, ruhiges Geburtstagsfest."
„Oje", seufzt Mücke. „Ich hab schon alle deine Verwandten und Bekannten vom Kuhstall eingeladen."
„Waaaaaas?" Mustafa ist entsetzt. „ Alle? Aber nicht Onkel Schmeiß, Tante Frucht und die Nichte Tsetse? Die sind so was von gefräßig. Was soll ich denen denn anbieten?" Mücke und Berti bekommen ein schlechtes Gewissen.
Die drei Freunde fangen sofort an etwas Essbares zu suchen. Leider ist die Speisekammer abgeschlossen, der Tisch abgewischt und der Müll ausnahmsweise mal geleert. Sie suchen auch nach Krümeln auf dem Teppich oder im Backofen. Aber im ganzen Haus ist absolut nichts zu finden.

Da klopft es schon an der Scheibe. Ein riesiger Schwarm Fliegen in allen Größen und Farben kommt durch das gekippte Fenster herein und stürmt auf Mustafa zu. „Mustafa, alter Freund. Danke für die Einladung. Was hast du denn für einen Geburtstagsschmaus vorbereitet?"
Mustafa wird rot und versucht Zeit zu gewinnen: „Schön, dass ihr da seid. Das Essen müsste gleich kommen. Fliegt schon mal umher und macht es euch gemütlich." Das tun die Gäste auch. Onkel Schmeiß setzt sich in Opa Knaufs Gebissglas und Tante Frucht mit ihren 20 Schwestern spielt Verstecken in den Borsten der Zahnbürste.
Mustafa winkt Mücke und Berti heran. „Was nun? Sie werden mich nie mehr besuchen wollen, wenn ich nichts zu essen anbieten kann."
„Bleib ganz ruhig, Kumpel", sagt Berti. „Ruf deine Gäste einfach ins Wohnzimmer." Berti und Mücke zwinkern ihm verschwörerisch zu.
Wo wollen Mücke und Berti plötzlich ein Geburtstagsbuffet aufgetrieben haben? Mustafa ist ganz schummrig. Trotzdem ruft er laut: „Alle mal herhören, das Essen ist im Wohnzimmer!"
Die Verwandten jubeln und fliegen erwartungsvoll ins Wohnzimmer.
Und tatsächlich: Mitten im Blumentopf der Yuccapalme ist der feinste Geburtstagsschmaus serviert, den sich eine Fliegenverwandtschaft so wünschen kann. Braun, weich, wurstförmig – und richtig lecker stinkend. Also, lecker für die Fliegen natürlich.
Kater Berti steht grinsend daneben. „Hab ich extra für dich gemacht, Kumpel!", sagt er etwas verlegen.
„Geniale Idee. Danke, Berti", sagt Mustafa erleichtert. „Das ist das schönste Geschenk, das ich je bekommen habe." Und der surrenden Verwandtschaft ruft er zu: „Worauf wartet ihr, das Buffet ist eröffnet!" Das lässt sich die hungrige Fliegenmeute nicht zweimal sagen. Mit wildem Gebrummel stürzen sie sich ins Vergnügen.
Es wird ein langes und fröhliches Fest, von dem man die Fliegen im Kuhstall noch lange danach brummseln hören kann.

Bestiarium

Als die PUDEL die WELT beherrschten

Als die Welt noch wild und wüst war, Millionen Jahre vor unserer Zeit (so circa Viertel nach Kreidezeit), wurde die urzeitliche Steppe von riesigen majestätischen Pudelrudeln beherrscht!
Sie walzten über die Prärie und durchpflügten die Urwälder auf der Suche nach Nahrung und Lockenwickler-Raupen. Kein Löwe, kein Lackaffe stellte sich ihnen entgegen.
Zu schön, zu einschüchternd fotogen waren diese aufgebrezelten Kreaturen, als dass sich irgendein Tier getraut hätte, ihnen den Titel Könige des Tierreichs abzusprechen!

Pudel verteidigen ihr Revier

Na so was! Da hat ein T-Rex wohl nicht auf die Duftmarken der Pudel geachtet? Die sind sofort zur Stelle und puffen die Riesenechse mit ihren Puschelschwänzen in die Flucht.

Hierarchie eines Pudelrudels

In den Rudeln der Urzeitpudel war die Rangordnung stets streng geregelt. An der Spitze stand selbstverständlich der Pudel mit der schönsten Frisur. Hatten zwei oder mehr Pudel besonders schöne Locken, kam es zum Kampf! Solche Kämpfe bestanden aus extravaganten Modenschauen und konnten sich mit Recall über mehrere Tage hinziehen.

Direkt nach dem schönsten Pudel kamen in der Rangordnung des Rudels die Friseure. Die Tiere, die am besten mit Raupen Locken wickeln, die feine Bürsten aus Igelstacheln und die besonders gutes Rosenwasser herstellen konnten, waren als große Künstler hoch angesehen.

Meerschweinodon *(Porcellus Megalokawaii)*

Dieser friedfertige Großnager war der Büffel seiner Zeit. Er war etwa so groß wie ein Minivan, aber deutlich schwerer einzuparken. Auch unter dem Namen „falsch rum laufendes Faultier" bekannt, verbrachte er seine Tage gemütlich mit Fressen und Im-Kreis-Laufen. Viele graue Zellen benötigt man dazu natürlich nicht. Das bemerkte irgendwann auch das Meerschweinodon und passte im Laufe der Jahrtausende seine Körpergröße an seine Hirngröße an.

D. Niehaus

Säbelzahnchihuahua *(Sooosüßodon vampiriensis)*

Auch dieser Kleinsäuger hatte einmal die Welt beherrscht. Doch seine Zähne wuchsen immer weiter, so dass er langsamer als die Pudel wurde und zudem auf dem Laufsteg eher tapsig wirkte.

"Professor Quatsch, Sie sind festgenommen wegen jahrhundertmäßigen Blödsinns!"

DER PISTOLENKREBS

Wer ist der Lauteste?
So fing er an,
der Wettbewerb zum Brüllgesang.

Singen war hier angesagt,
Geräusche waren auch gefragt.
Alles, was man ganz laut hört,
das ordentlich die Umwelt stört.

Der Löwe ist euch schon bekannt,
der Pistolenkrebs sei auch genannt.
Mit dem Knall-Laut seiner Schere
macht er seinem Namen Ehre.

Ohnmächtig wird das Plankton jetzt,
'ne Speise, die der Knallkrebs schätzt.
Sein Laut ist auch als Gruß bekannt
unter Krebsen mit Pistolenhand.

Beim Wettbewerb wird er natürlich
– weil er geknallt hat so ausführlich –
Erster, hättet ihr's gedacht?
Und seht nur, wie der Sieger lacht!
Nun steht er auf dem Treppchen oben!
Das Publikum, es würde toben
und wäre sicher ausgeflippt ...
doch alle sind längst umgekippt.

Wolli und Molli

Straßenköter Wolli streunert umher. Er hat kein Zuhause. Abends sucht er sich irgendwo ein Schlafplätzchen, normalerweise unter Brücken, heute ausnahmsweise in einer Mülltonne. Zumindest warm, denkt er, kauert sich zusammen, bedeckt sich mit altem Zeitungspapier und zieht den Deckel über sich zu. Kaum hat er sich's gemütlich gemacht, geht der Deckel auch schon wieder hoch.
„Wer bist du denn?", maunzt jemand von oben. „Was machst du in meiner Mülltonne? Raus da! Geh gefälligst nach Hause!" Eine Katze schaut ihn mit großen Augen an.
„Aber", winselt Wolli kleinlaut, „ich habe gar kein Zuhause."
„Wie kann man denn kein Zuhause haben?", entgegnet die Katze und denkt einen Moment nach. „Na, wenn du willst, kannst du bei mir im Haus übernachten. Wir finden schon noch eine passende Wohnung für dich. Ich heiße Molli."
Wolli ist baff. So freundlich war ja noch nie jemand zu ihm. Normalerweise wird er einfach davongejagt.
Als er das Haus betritt, staunt er nicht schlecht: so sauber, so warm, so schöne Möbel. Wolli darf auf dem Sofa schlafen.
Molli freut sich über den Gast. Wolli kann gut kochen, die beiden lachen viel und abends spielen sie Gesellschaftsspiele.

Doch je mehr Tage vergehen, desto öfter ärgert sich Molli auch über Wollis schlechte Angewohnheiten, die da wären: Füße auf den Tisch legen, Schuhe nicht abstreifen (dabei den Teppich schmutzig machen) und vor allem: beim Essen schmatzen. Und einmal beim Frühstück, da platzt es ihr heraus: „Hör endlich mit dem dämlichen Schmatzen auf! Es reicht mir. Und überhaupt: der dreckige Teppich und immer die Füße auf dem Tisch. Es ist genug!"
Wolli kann erst nichts sagen. Dann packt er seine Sachen zusammen, geht schweigend hinaus und schlurft den Gehweg entlang.
Molli steht wie versteinert. Sie wollte ihren besten Freund doch nicht rauswerfen! Wolli fehlt ihr jetzt schon.
Schnell rennt sie hinter Wolli her, kann ihn aber nicht mehr entdecken. Sie läuft die Straße rauf und runter – nichts. „Wolli", ruft sie. Keine Antwort. Den ganzen Tag klappert sie die Brücken und Mülltonnen der Stadt ab – ohne Erfolg. Als Molli abends erschöpft heimkehrt, entdeckt sie ihn. Wolli sitzt vor ihrer Tür mit einer weißen Blume in der Hand. „Es tut mir leid", sagt er, „ich war ungehobelt und werde jetzt weiterziehen. Ich wollte mich aber vorher bei dir entschuldigen."
„Ach, Quatsch!" Molli fällt ihm um den Hals. „Mir tut es leid, dass ich so wütend auf dich war! Du bleibst bei mir! Den Teppich schmeißen wir einfach raus und das Schmatzen macht mir nichts aus. Vielleicht werde ich es mir sogar selbst angewöhnen."
„Juchu!", jault Wolli vor Freude, „und die Pfoten lege ich bestimmt nur noch manchmal auf deinen Tisch!"
„Ach Wolli", mauzt Molli, „das ist mir so was von egal!"

G. Jakobs

Bestiarium

Die Löwendurmelies
(oder Löwendummelies)

Das Löwendurmelie (oder Löwendummelie) hat seinen Namen von seiner ständigen Müdigkeit und der Angewohnheit, seinen Schlafplatz mitten in einem dösenden Löwenrudel zu suchen. Nichts liebt ein Löwendurmelie (oder Löwendummelie) mehr als den Geruch von Löwen. Ist einmal kein Löwenrudel vorhanden, sucht sich das Löwendurmelie andere stets ungewöhnliche Schlafplätze: stark befahrene Straßen, Vulkane oder Startbahnen von Großflughäfen.

So ist auch dieses possierliche Geschöpf vom Aussterben bedroht. Nur noch selten ist der mitternächtliche Gesang der letzten Durmelies (oder Dummelies) zu hören, den sie in der Nähe eines Löwenrudels zum Besten geben (siehe Vorlieben der Durmelies).

Erfreuen wir uns daran und wünschen wir den wackeren Gesellen: Viel Glück!

DER GESANG DER DURMELIES AUF EINEM HÜGEL UM MITTERNACHT.

EIN LÖWE, UM MITTERNACHT, ZU FÜSSEN DES BESAGTEN HÜGELS.

S. Pricken

GRUMMEL *⊙!#⚡ SURIUM

K. Krings

„Ich habe Hunger!", sagte Boris.

„Das Mittagessen gibt es erst in einer halben Stunde", sagte seine Mutter. „Warum gehst du nicht hinunter an den Fluss und isst ein paar Farne? Aber nicht zu viele. Sonst verdirbst du dir den Appetit."

„Allein?", fragte Boris und spürte, wie seine Knie zitterten. „Kannst du nicht mitkommen?"

„Ach, Liebling", sagte seine Mutter, „ich muss noch unseren Nachtisch pflücken. Der Fluss ist aber nicht weit. Wenn mir keine Wolke in die Quere kommt, kann ich dich von hier aus gut sehen."

„Und – und, wenn es plötzlich dunkel wird?", fragte Boris.

„Dazu ist es viel zu früh", antwortete seine Mutter lachend. „Nun geh schon!"

Sie küsste ihn auf den Kopf und stupste ihn auf seinen Weg.

Boris ging ein paar Schritte, dann blickte er zurück. „Mama – was ist, wenn ich einen fleischfressenden Dino treffe?"

„Die fressen nur Angsthasen, Boris!", sagte sie. „Bist du ein Angsthase?"

„Bestimmt ...", sagte Boris leise, „äh ... nicht!" Aber seine Knie fühlten sich wie Wackelpudding an.

„Husch, husch!", sagte seine Mutter.

Boris schlurfte los und tat sein Bestes, nicht an Dinge zu denken, die ihm Angst machten. Das war gar nicht so einfach. In seinem Kopf brummten unheimliche Gedanken. Und irgendwo in der Nähe grummelte etwas.

„Hören sich SO fleischfressende Dinos an?", wunderte sich Boris. Er sah sich nervös um und sagte laut: „Wie gut, dass ich kein Angsthase bin!" Abgesehen von Steinen, Bäumen und Wolken sah Boris nichts. Er atmete aus, beugte sich hinunter und sagte zu seinen Knien: „Hört mal auf zu wackeln!" Gerade in diesem Augenblick grummelte es erneut – dieses Mal noch lauter! „Vielleicht verstecke ich mich doch kurz", sagte Boris. Auf Zehenspitzen schlich er hinter einen großen Stein und machte sich so klein er konnte. Er fühlte sich ein wenig sicher – bis es wieder grummelte. Richtig laut! „Geh weg!", schrie Boris den Lärm an. Dann war es still.

Die Stille war aber so unheimlich, dass Boris sich fragte, warum er überhaupt allein losgegangen war. „Ach ja", erinnerte er sich, „die Farne!" Sein Magen knurrte. „Du?", sagte Boris zu seinem Bauch. „Du bist derjenige, der die ganze Zeit so grollt und grummelt. Du hast mich zu Tode erschreckt. Ich hatte solche Angst, dass ich meinen Hunger glatt vergessen habe!"

In der Ferne hörte Boris seine Mutter. „Wo bist du, Schätzchen?", rief sie. „Mittagessen ist fertig!"

Grummelbär

Heute Morgen verlässt Bär seine Bärenhöhle in einer miesen Laune. Ihm ist so grummelig und brummelig zu Mute; das kann man kaum ertragen!
Da läuft er Eichhörnchen über den Weg. Das heißt, eigentlich hüpft Eichhörnchen flink und fröhlich von Ast zu Ast und Bär kommt ihm träge entgegengeschlurft.
„Wie siehst du denn aus, Bär?", ruft es. „Was ist dir denn über die Leber gelaufen? Hast du schlechte Laune?"
„Kann man so sagen", brummt Bär leicht genervt.
Aber Eichhörnchen lässt nicht ab: „Sei doch nicht so griesgrämig! Du musst das Schöne im Leben betrachten, nicht das Schlimme! Wenn du eine halbe Hand voll Nüsse gesammelt hast, dann darfst du nicht sagen: Die Hand ist ja noch halb leer, sondern: Super, die Hand ist ja schon halb voll …"
Bär schlurft weiter. Da rennt ihn Wildschwein fast über den Haufen.
„Kannst du nicht aufpassen?", schimpft Bär.

„Oh weh! Du bist aber schlecht gelaunt!", quiekt Wildschwein.
„Mensch, Bär! Überleg doch mal: Dir geht es vielleicht nicht gut, aber es gibt andere Tiere, denen geht es bestimmt noch viel schlechter als dir!"
Das kann Bär nur mäßig erheitern. Er trottet weiter. Aha, da hinten kommt Hirsch mit seinem mächtigen Geweih gelaufen.
„Hallo Bär", meint der, „du siehst ja übel aus! Kopf hoch und Brust raus! Das Leben ist zu kurz, um schlechte Laune zu haben! Du musst nach vorne schauen! Morgen ist auch noch ein Tag! Also mach's gut! Ciao!"
Jetzt hat Bär erst recht schlechte Laune!
Da sieht er zwei Mäuse, die sich leise unterhalten. Beide bemerken ihn gar nicht. Bär schleicht langsam an ihnen vorbei und lauscht unbemerkt, was die eine Maus sagt:

„Hör dir mal den an! Den hat Dachs mir gestern erzählt:

Entsetzlich!, schreit der Zoodirektor.
Sie haben den Bärenkäfig offen gelassen!
Halb so schlimm, antwortet der Pfleger.
Wer stiehlt schon einen Bären?"

G. Jakobs

GRUMMEL SURIUM

Robins VERFLIXVIEH-GALERIE

Robins Freund Jan kennt ganz schön freche Wörter. Wenn er wütend ist, dann sagt er zu seiner Schwester Sachen wie „Zimtzicke!" und „Trampeltier!". Robin findet es lustig, dass in den Schimpfwörtern immer Tiere vorkommen. Er stellt sich dann vor, wie diese Tiere wohl aussehen könnten, und malt sie ganz schnell auf. In seinem Zimmer hat er schon eine richtig schöne Verflixvieh-Galerie! Die meisten Tiere sehen eigentlich ganz nett aus, oder?

ZIMTZICKE

PLANSCHKUH

HAMSTERBACKE

K. Fransbach

ANSTANDSWAUWAU

SAUHUND

BLINDES HUHN

PFERDEFRESSE

STUBENTIGER

GRUMMELSURIUM

Lucky Lurch

Ich bin ein kleiner dünner Lurch,
ein Lurch bin ich ganz durch und durch,
und weil ich so durchtrieben bin,
kommt bloß nicht näher zu mir hin.

Bin Lucky Lurch, der Meisterdieb,
nie einer es durchtrieb'ner trieb.
Klau alles, was ich klauen kann,
und schaff's für meine Höhle ran.

Der Maus nehm ich den Käse weg,
der Fliege ihren Fliegendreck,
dem Tiger stehl ich seine Streifen,
dem Jäger seine Tabakspfeifen.

Dem Pfau klau ich die schönste Feder,
ja, so was Schmuckes hat nicht jeder.
Dem Schnabeltier nehm ich den Schnabel,
dem Gabelbock – na klar! – die Gabel.

Dem Schwein stehl ich den Schweinsgalopp
und lauf damit herum, hopp, hopp!
Das Spinnennetz, das schöne glatte,
das dient mir jetzt als Hängematte.

Ja, meine Höhle, die ist toll,
gemütlich ist sie und ganz voll
mit Diebesgut aus aller Welt –
das ist's, was Lucky Lurch gefällt.

Doch ach! Was tu ich eigentlich?
Verplapper mich ganz jämmerlich.
Oh bitte, Leute, seid so lieb,
verratet nicht, was ich euch schrieb.

Sonst kommt am End die Polizei
in meiner Höhle noch vorbei.
Sie packt mich und sie nimmt mich fest
und lässt mich schmoren im Arrest.

Ich weiß! Ich lad euch zu mir ein
in meine Höhle. Immer rein!
Dann feiern wir ein tolles Fest
in meinem coolen Räubernest.

Herr Mau RITTER DOSENKATZE

HERR MAU geht nie aus dem HAUS. Alles DRAUßEN macht ihm ANGST.

DRAUßEN war er noch NIE und RAUS will er auch NICHT.

ALLES, was Herr Mau braucht, bekommt er GEBRACHT.

AUCH ESSEN in der Dose.

Das ist gut, denn Herr Mau hat HUNGER.

und hat immer **NOCH HUNGER.**

Da ist eine **LETZTE DOSE**, die schafft er **AUCH NOCH!**

Er kriecht hinein...
schleckt sie aus...

... und **BLEIBT STECKEN.**

ER RÜTTELT

UND SPRINGT

UND STÖSST

UND ROLLT

UND HOPST aus seinem Haus!

und **FÄLLT**

„DAS HÄTTE INS AUGE GEHEN KÖNNEN",

sagt Herr Mau.

Aber etwas fehlt ihm jetzt.
WAS FEHLT HERRN MAU?
Im Haus ist es nicht. Alles ist an seinem Platz.
Alles wie immer.
Er hat alles abgesucht, aber drinnen ist es nicht.
Ist es draußen?
JA, DRAUSSEN!

DORT MUSS ES SEIN.

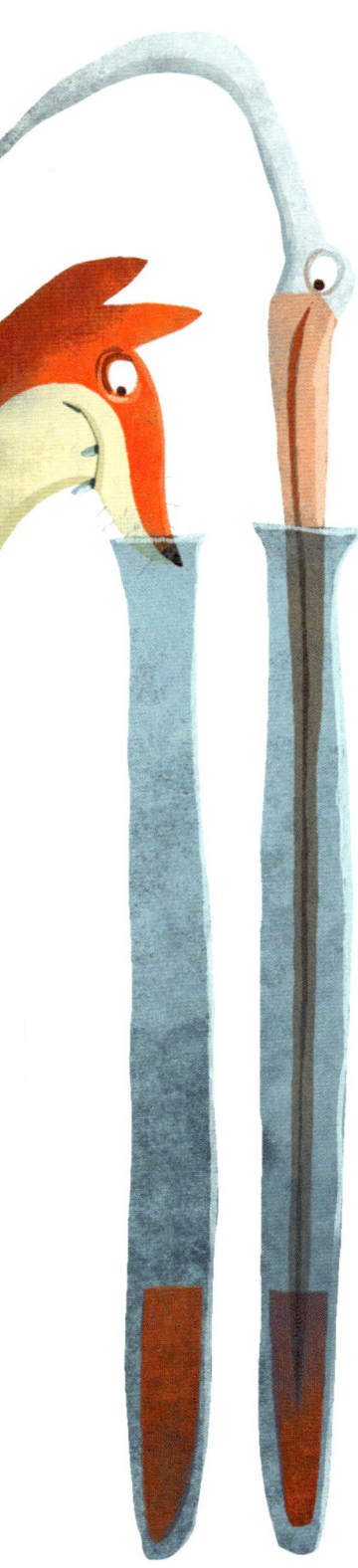

Fabelhafte Tricks

Drei Tierfabeln nach Äsop

Der Fuchs und der Storch

Der Fuchs hatte den Storch zum Essen eingeladen und setzte ihm die leckersten Speisen vor, aber nur auf ganz flachen Tellern, aus denen der Storch mit seinem langen Schnabel nichts fressen konnte. Gierig fraß der Fuchs alles allein, obwohl er dem Storch ständig sagte: „Hau rein, mein Freund, lass es dir schmecken!"
Der Storch war sauer, tat aber so, als ob alles in Ordnung wäre. Er lobte sogar noch die Bewirtung und sagte: „Vielen Dank, du guter Fuchs! Ich bitte dich, komm du doch auch morgen zu mir zum Essen, mein Lieber!"
Der Fuchs zögerte etwas. Aber der Storch ließ nicht locker, so dass der Fuchs endlich zusagte. Als er nun am nächsten Tag zum Storch kam, fand er alle möglichen Leckerbissen aufgetischt, aber alle in Krügen und Gläsern mit langen Hälsen. „Fühl dich wie zu Hause!", rief ihm der Storch lächelnd zu. Und er schlürfte mit seinem Schnabel all die köstlichen Sachen allein. Dem Fuchs blieb nichts anderes übrig, als zuzuschauen und zu grummeln. Er kam mit der Schnauze einfach nicht tief genug in die Krüge rein. Hach, was roch das Essen gut! Sein Magen knurrte. Hungrig stand er vom Tisch auf und gab zu: „Also gut, Respekt! Diesmal hast du es mir richtig zurückgegeben, Storch …"

Die Fledermaus

Einmal verzettelte sich die Fledermaus im Flug und fiel ins Gras. Sofort stürzte ein Wiesel auf sie zu, schnappte sie und rief: „Hab ich dich, du dämlicher Vogel! Ich hasse Vögel!"
„Aber nein", winselte die Fledermaus und überlegte kurz, „ich bin doch kein Vogel!"
„Hä?"
„Ja, ich bin doch eine Maus!"
„Ach so", sagte da das Wiesel, „Mäuse finde ich eigentlich ganz in Ordnung. Also nichts für ungut …" Und es ließ die Fledermaus wieder los. Glück gehabt!
Doch kurze Zeit später passierte das Gleiche. Und wieder hatte sie ein Wiesel geschnappt, diesmal jedoch ein anderes. „Hab ich dich, du schreckliche Maus! Ich hasse alle Mäuse!", knurrte das Wiesel und lachte.

„Moment mal", rief die Fledermaus, „sehe ich etwa aus wie eine Maus? Ich bin doch ein Vogel!"
„Hä?"
„Ja wirklich!"
„Ach so, na ja dann … Vögel finde ich eigentlich ziemlich gut!"
Und das Wiesel ließ die Fledermaus wieder los. „Mannomann, hab ich ein Glück heute!", dachte sie und passte von nun an etwas besser auf beim Fliegen.

Rabe und Fuchs

Ein Rabe hatte einen Käse gestohlen, flog damit auf einen Baum und wollte dort seine Beute in Ruhe verzehren.

Der Fuchs hörte ihn schmatzen. Er lief schnell hin, schaute nach oben und rief dem Raben zu: „O Rabe, was bist du für ein wunderbarer Vogel! Wenn dein Gesang ebenso herrlich ist wie dein Gefieder, dann sollte man dich zum König aller Vögel krönen!"

Der Rabe war außerordentlich geschmeichelt. Das hatte ja noch nie jemand zu ihm gesagt. Aber der Fuchs hörte gar nicht mehr auf: „Guter Rabe, es wäre so schön, wenn du eine Kleinigkeit singen könntest, damit alle deine wundervolle Stimme hören können, du tollster aller Vögel! Ein wahrer Supervogel!"

Da öffnete der Rabe seinen Schnabel, atmete tief ein und …

… der Käse fiel zu Boden.

Der Fuchs lachte, aß den Käse und lief kichernd davon. „Wie man doch nur so dämlich sein kann, hihihi …"

G. Jakobs

SCHUMMEL SURIUM

Das Regenbogen-Chamäleon

Wünscht ihr euch auch manchmal, unsichtbar zu sein? Zum Beispiel, wenn euch etwas Peinliches passiert ist und ihr am liebsten im Boden versinken würdet. Oder wenn ihr euch an jemandem vorbeischleichen möchtet und nicht wollt, dass ihr dabei gesehen werdet.

Es gibt ein Tier, das kann das: das Chamäleon. Na gut, es kann sich nicht direkt unsichtbar machen. Aber es kann jede Farbe annehmen, die es will – und das ist, wenn man es geschickt anstellt, beinahe genauso gut.

Vor einigen Jahren lebte im Dschungel am Amazonas ein kleines Chamäleon, das sich geschickter tarnen konnte als alle anderen. Jeden Tag nahm es eine neue Farbe an und niemand konnte es finden, wenn es das nicht wollte. Es machte sich einen richtigen Spaß daraus, die anderen Tiere auf den Arm zu nehmen.

Zum Beispiel dachte es sich: „Heute möchte ich braun sein." Dann stellte es sich vor einen Baumstamm und wartete, bis der große Ameisenbär vorbeikam. Der war nämlich furchtbar ängstlich. Es sprang vor und erschreckte ihn so sehr, dass er schreiend davonlief.

Am nächsten Tag dachte es: „Heute möchte ich gelb sein." Es versteckte sich zwischen den Bananen und wartete, bis die Affen kamen, um sie zu fressen. Kaum war der erste da, ließ es seine lange, klebrige Zunge aus seinem Versteck heraus auf dessen Nase klatschen.

Am nächsten Tag dachte es: „Heute möchte ich grün sein." Es verbarg sich zwischen den Blättern eines großen Busches, unter dem immer viele Tiere entlanggingen.

So konnte es sie heimlich belauschen und kannte alle Geheimnisse des Dschungels. Ach, das kleine Chamäleon war ein Lümmel. Manchen Tieren fiel es ganz schön auf die Nerven.

Eines Tages dachte es sich: „Heute möchte ich blau sein." Es sprang in den Fluss und niemand konnte es im Wasser sehen. Als es aber so das Ufer entlangschwamm, machte es eine furchtbare Entdeckung. Auf einem Ast, der über den Fluss ragte, saßen seine Freunde und sonnten sich. Und unten im Wasser schlängelte sich ein Krokodil auf sie zu, um sie zu schnappen. Schon leckte es sich genüsslich das Maul. Das kleine Chamäleon war so schockiert, dass es seine ganze schöne Tarnung vergaß. Von einem Moment zum nächsten erstrahlte es, ohne dass es etwas dagegen tun konnte, in allen Farben des Regenbogens.

Als das Krokodil das sah, fuhr ihm der Schreck in die Glieder. Noch nie war ihm etwas Derartiges begegnet. Was sollte das sein? Ein Regenbogen mitten im Wasser? Ein neuartiges Dschungelmonster? Ein Rächer für all die vielen armen Tierchen, die es bereits gefressen hatte? Eilig drehte es ab und schwamm davon.

Und das kleine Chamäleon war, bevor es wusste, wie ihm geschah, vom Lümmel zum Lebensretter geworden.

D. Reinhardt | T. Schulte

SCHUMMEL SURIUM

Ein paar Tierdinge & Dingtiere

- Wasserhahn
- Luftschlange
- Taschenkrebs
- Feuersalamander
- Erdmännchen
- Gürteltier
- Kofferfisch
- Pfeilgiftfrosch
- Zaunkönig
- Knallfrosch
- Schuhschnabel
- Schildkröte
- Lassospinne
- Pistolenkrebs
- Panzernashorn

FUCHSSCHWANZ

ZITRONEN-
FALTER

SEEGURKE

WOLLMAUS

STOCKENTE

EICHHÖRN-
CHEN

ZUCKER-
SCHNECKE

HAMMER-
HAI

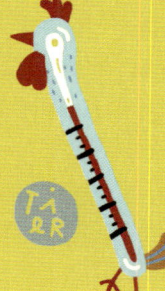
THERMOMETER-
HUHN

METTIGEL

EISVOGEL

KLAMMER-
AFFE

WC-ENTE

BREMSE

REISS-
WOLF

L. Baus

SCHUMMEL
SURIUM

Die graue Katze

Die graue Katze ist verzweifelt. Sie hat es so satt, grau zu sein: „Grau ist langweilig. Grau ist traurig. Grau ist doch keine Farbe! Grau ist einfach grauenhaft! Graauuuenhaft! Ich will jetzt nicht mehr grau sein, sondern … anders … halt bunt! Wenigstens will ich eine richtige Farbe haben!" Sie denkt nach: „Aber wie soll ich das bloß anstellen?"

Farbe kann man sich kaufen. Aufgeregt rennt die Katze in ein Farbengeschäft und verlässt es eilig wieder mit Farbtuben und Farbeimern unter den Armen. Zu Hause malt sie ihr Fell in den tollsten Farben an.

„Großartig!" Die Katze ist jetzt bunt, bunter geht es kaum.

Begeistert läuft sie auf die Straße. Mittlerweile hat es angefangen zu regnen. „Oh nein!", jammert die Katze. Die Farbe zerfließt im heftig herunterprasselnden Regen. Er spült das schöne Rot, das saftige Grün und das strahlende Blau einfach in den Gully.

„So leicht gebe ich nicht auf!", schimpft die Katze. Sie blickt den Menschen nach, die mit durchnässter Kleidung einen trockenen Unterschlupft suchen.

„Ja klar, das ist es: Klamotten! Die verbergen auch das unschönste Fell!"

Schnell läuft sie in die Haupteinkaufsstraße und, schwupp, durch die Tür einer Boutique. Sie greift sich die erstbesten farbigen Shirts und verrammelt sich in der Umkleidekabine. Dort zieht sie sich alles übereinander an.

„Das passt überhaupt nicht!", mault die Katze. „Nichts in meiner Größe! Der Schnitt ist wohl nur für Menschen gemacht. Und, puh, ist das heiß mit meinem Fell und den Sachen darüber!"

Also wieder nichts.

„Nein, nein, nein; ich gebe nicht auf! Es wird schon eine Lösung geben!" Die graue Katze sitzt auf dem Bürgersteig, denkt nach und betrachtet die umliegenden Geschäfte.

„Jawohl! Jetzt hab ich's! *Farbe* war vielleicht doch der richtige Gedanke!" Und schon ist sie im Friseursalon verschwunden. „Einmal färben bitte! Gewaschen habe ich schon", sagt sie zum Friseur und setzt sich in den alten Lederstuhl.

Eine Stunde später verlässt sie den Salon mit einem knallrot gefärbten Fell. „Jetzt wird's halten. Jetzt hab ich's geschafft!", sagt die Katze und grinst.

Stolz läuft sie durch die Straßen und viele Leute drehen sich nach ihr um. Was ist das für eine seltsame Katze? „Jawohl, hier kommt die rote Katze!"

Doch was ist jetzt los? Es sind schon wieder graue Stellen im Fell zu sehen! „Neeein! Ich verliere meine Haare!", jault sie.

Tja, so ist das eben: Katzen haaren das ganze Jahr über …

„Ich kann nicht mehr!" Die Katze lässt den Kopf hängen und trottet traurig nach Hause.

Plötzlich wird sie angerempelt. „Hey!"

Und da steht er: ein Kater, der genauso aussieht wie sie. Rot gefärbtes Fell mit grauen Flecken.

Da merkt sie, was für eine blöde Idee es war, ihr Fell ändern zu wollen. Grau ist doch eine tolle Farbe! Die beiden schauen sich an und man kann es sich denken: Liebe auf den ersten Blick. Ja, das gibt's.

Und natürlich waren die beiden glücklich zusammen, nachts saßen sie gemütlich auf den Dächern, schmiegten sich aneinander und sahen sich Schwarz-Weiß-Filme an. Nachts sind eben alle Katzen grau!

SCHUMMEL SURIUM

PROFESSOR RATTENSTEIN

Es schneit!

Es schneit, es schneit!!!
Alles ist weiß: Straßen, Dächer, Bäume …
Hanspeter Hase schaut aus dem Fenster.
Der Hügel ist bestimmt schon ganz vom Schnee bedeckt!
Hanspeter ist begeistert und zieht sich warm an:

    Mütze, Schal, warmer Mantel,
    dicke Strümpfe aus Wolle,
    die gefütterten Stiefel
    und natürlich Handschuhe!

Hanspeter Hase macht die Tür auf, hüpft durch den frischen Schnee
und klingelt bei seinem Nachbarn, Barnabas, dem großen Bären.
„Barnabas, es schneit! Komm schnell, wir gehen auf den Hügel!"
Barnabas sieht, wie die Schneeflocken draußen wirbeln.
Er ist begeistert und zieht sich warm an:

    Mütze, Schal, warmer Mantel,
    dicke Strümpfe aus Wolle,
    die gefütterten Stiefel
    und natürlich Handschuhe!

Hanspeter Hase und Barnabas Bär sind sehr aufgeregt.
Beide hüpfen und springen durch den Schnee zum Haus von Magdalena Maus.
„Magdalena, Magdalena, schau! Es schneit!
Wir gehen auf den Hügel, kommst du mit?"
Magdalena schaut aus dem Fenster:
Der Schnee ist wie ein weißer Teppich.
Magdalena ist begeistert und zieht sich warm an:

    Mütze, Schal, warmer Mantel,
    dicke Strümpfe aus Wolle,
    die gefütterten Stiefel
    und natürlich Handschuhe!

Mütze, Schal, warmer Mantel,
dicke Strümpfe aus Wolle,
die gefütterten Stiefel
und natürlich Handschuhe!

„Jetzt fehlt nur noch Suse, wir holen sie ab und gehen auf den Hügel!"
Hanspeter Hase, Barnabas Bär, Magdalena Maus und Karolus Känguru hüpfen durch den frischen Schnee und bewerfen sich mit Schneebällen, bis sie vor Suses Haus stehen.
Suse Schildkröte ist schon draußen, ganz warm angezogen:

    Mütze, Schal, warmer Mantel,
    dicke Strümpfe aus Wolle,
    die gefütterten Stiefel
    und natürlich Handschuhe!

„Ich habe mir schon gedacht, dass ihr kommt", sagt sie lächelnd.
„Gehen wir auf den Hügel?"
Da stapfen sie alle den Hang hinauf. Aber – hui! Hier weht ein kalter Wind!
Und was machen Hanspeter, Barnabas, Magdalena, Karolus und Suse?
Sie spielen im Schnee und lachen und freuen sich, denn sie sind ja ganz warm angezogen!

    Mütze, Schal, warmer Mantel,
    dicke Strümpfe aus Wolle,
    die gefütterten Stiefel
    und natürlich Handschuhe!

Ende

Aike Arndt beobachtet gerne die Spatzen, die in der Mauer gegenüber seinem Küchenfenster ihre Nester bauen. So möchte er auch mal wohnen. www.aikearndt.de

Tiere haben **Lilli L'Arronge** in ihrer Kindheit geprägt. Nun singt sie wie ein Rotkehlchen, schwatzt wie ein Spatz, und wenn man sie massiert, grunzt sie wie ein Schweinchen. www.christine-goppel.de

Lars Baus bekam als Junge eine ängstliche kleine Katze. Die wurde immer dicker – und mutiger. Oft hat er sie von Dächern gerettet, wenn sie nach ihm maunzte. Heute denkt er sich Geschichten wie die vom Ritter Dosenkatze aus. www.lars-baus.de

Marion Elitez hat schon zahlreiche Tiere liebevoll großgezogen: Katzen, Vögel und ein kleines Eichhörnchen, das aus dem Nest gefallen war. Als es wieder zu Kräften kam, hat es so manchen Buntstift angeknabbert und haufenweise Nüsse zwischen den Papierbögen versteckt. www.marionelitez.de

Kristina Fransbach geht gern mit ihrem Sohn auf die Suche nach Hasen, Tauben und Teichhühnern an der Promenade in Münster. Letztens haben sie sogar einen Eisvogel entdeckt! www.fransbach.de

Ausflüge im Kopf machte **Cornelia Haas** immer schon besonders gern. Bewundern kann man die Ergebnisse dieser kreativen Ausbrüche (und ebenso ihr Antlitz) hier: www.cornelia-haas.de

Charlotte Hofmann ist als Karikaturistin unterwegs und illustriert Bücher. Tiere zeichnet sie lieber als sie zu essen. www.charlottehofmann.de

Wenn **Cathy Ionescu** nicht zeichnet, denkt sie sich Geschichten aus. Oder geht reiten. Sie träumt davon, eines Tages stolze Besitzerin eines braunen Kurzhaardackels zu sein. Bis dahin gibt es diesen nur auf dem Papier zu sehen ... und zwar hier: www.cathy-ionescu.de

Günther Jakobs hatte früher zwei Kaninchen, für die er immer auf einem Feld Löwenzahn pflückte. Dort lernte er seine spätere Frau kennen. Heute haben sie drei Kinder. Vielleicht kommen noch zwei Kaninchen dazu ... Wollt ihr mehr erfahren? www.guentherjakobs.de

Antje Keidies hingegen hatte nur ein Kaninchen, das sich lieber eine Nacht lang unter einem Strauch gruseln wollte, als in den sicheren Stall zurückzukommen. Als sie es am nächsten Morgen in ihre Arme schloss, war es deutlich mutiger geworden. www.illustratoren-muenster.de

Karen Krings ist eine leidenschaftliche Beobachterin von freilebenden Fantasie-Tieren und versucht seit Monaten vergeblich, ihr Poliertier zu dressieren. www.karenkrings.de

Christiane Leesker liebt possierliche Tiere wie Otter und Eichhörnchen und solche mit samtigen Nasen wie Esel oder Ziegen. Kater Schmidtchen versucht wacker von allem etwas zu sein. www.christiane-leesker.de

Daniel Napp hatte als Kind eine lahme Schildkröte namens Babette. Die ist ihm aber leider fortgelaufen. Heute beschäftigt er sich meist mit größeren Tieren, wie man hier sehen kann: www.daniel-napp.de

Duniel Niehaus erforschte in seiner Kindheit das Leben im Dorfbach und im Moor vor seiner Haustür. Bis heute versucht er dort immer wieder Schlangen zu beobachten. Dazu kann er stundenlang herumstehen, ohne sich zu bewegen und zu blinzeln. Eine Schlange hat er trotzdem noch nicht gesehen. www.duniel.de

Robert Nippoldt hat schon mit sechs Jahren den Film „Der Weiße Hai" gesehen. Seitdem gehen ihm die Raubfische selbst im Schwimmbad nicht mehr aus dem Sinn. www.nippoldt.de

Stephan Pricken lebt mit seiner Familie in Münster. Er hat Hunde, Katzen, Wellensittiche und Kaninchen furchtbar gern ... wenn er sie woanders besuchen kann. Findet ihr mein verstecktes Löwendurmelie im Buch auf den Seiten 84/85? www.stephanpricken.de

Auch wenn es hier danach aussieht: **Dirk Reinhardt** stiehlt keine Gänse. Er schreibt nur gerne mit der Gänsefeder kleine ausgefuchste Geschichten – so wie in diesem Buch. www.autor-dirk-reinhardt.de

Tina Schulte zeichnet mit Vorliebe alles, was da kreucht und fleucht, knurrt, wiehert, schnurrt, grunzt, muht und mäht. Das freut besonders ihre kleine Tochter Lotta, die am liebsten einen ganzen Zoo im Garten hätte. Mehr zu sehen gibt's unter: www.tinaschulte.de

Alexander Steffensmeier mochte als Kind die Insekten, die beim Kompostsieben davonwuselten. Und die Kühe, die auf dem Bauernhof seines Onkels wohnten. Wie das seine Arbeit noch heute beeinflusst, kann man hier herausfinden: www.alexander-steffensmeier.de

Anne Isabelle (Anizou) Le Touzé ist Cat-, Dog- und Birdsitter für alle ihre Freunde. Davon zeugen Näpfe, Katzenklos und Kissen voller Haare überall im Haus ...

Gestatten: **Ateliergemeinschaft Hafenstraße**

In der obersten Etage dieses Hauses an Münsters ehemaligem Güterbahnhof treffen wir uns jeden Tag. Einige von uns malen Bilder oder schreiben Geschichten. Andere haben sich auf das Fotografieren, das Filmen oder das Gestalten am Bildschirm spezialisiert. Meistens werkelt jeder für sich, aber jetzt haben wir wieder mal etwas gemeinsam auf die Beine gestellt. Nach dem Kalender „365 x Vorlesen" ist dieses Buch nun unser zweites Gemeinschaftsprojekt. Wir haben uns oft getroffen, geschrieben, gezeichnet und viel getüftelt, bis herausgekommen ist, was du in Händen hältst: ein Sammelsurium aus Geschichten, Gedichten und Quatsch rund um das Thema Tiere. Besuchen kannst du uns an unserem TATÜ, dem Tag der offenen Tür, den wir jedes Jahr an einem Freitag im November veranstalten. Oder auch im Internet auf unserer Homepage. Dort findest du Links und weitere Informationen über uns.
www.hafenstrasse64.de

DANKE an alle, die zum Gelingen dieses tollen Projektes beigetragen haben:

Der Carlsen Verlag:
Allen voran Verlegerin Renate Herre, die den Grundstein für unsere Zusammenarbeit legte, das Konzept mitentwickelt und das Projekt mit Lust und Hingabe betreut hat.
Die Lektorin Anna Madouche, die sehr viel Arbeit in dieses Buch investierte, unermüdlich mit uns an den Texten feilte und mit Adleraugen das wachsende Layout überwachte.
Bettina Oguamanam, fröhliche, verständnisvolle und überaus geduldige Herstellerin im Carlsen Verlag.
Und natürlich alle anderen Mitwirkenden des Carlsen Verlags, sei es aus Korrektorat, Herstellung, Presse oder Vertrieb.

Die drei vom Orga-Team:
Günther Jakobs, der sich regelmäßig die Ohren heiß telefonierte, „mal eben" noch eine Illu lieferte und alle Beteiligten immer wieder antrieb und motivierte.
Christiane Leesker, die geduldig alle Fragen beantwortete und im großen Bilder-Dschungel den Überblick über bereits vorhandene und noch fehlende Illustrationen behielt.
Dirk Reinhardt, der vielen Geschichten den letzten Schliff gab, im schlimmsten Chaos gelassen blieb und prägnante Anschreiben formulierte.

Die Mitglieder der Ateliergemeinschaft:
Für unerschöpflichen Ideenreichtum beim Ausdenken von Geschichten und deren Umsetzung in Bilder!
Christine (Lilli), die sich – trotz Geburt ihrer kleinen Lydia mitten im Tummelsuriums-Trubel – vielfach einbrachte und oft mit „der" zündenden Idee um die Ecke kam.
Stephan, Connie, Julia, Robert, Tina, Duniel, Antje und Cathy für ihr Engagement in Sachen Typografie, Layout und Inhalt.
Die Hafenstraßler, die nicht am Projekt beteiligt waren und mit viel Toleranz über die Zweckentfremdung der Atelierküche für Besprechungen und Schreibtreffs hinwegsahen.

Last but not least:
Alle, die wir vergessen haben und die uns deshalb (hoffentlich) trotzdem nicht böse sind!
Alle lebenden oder bereits verblichenen Goldfische, Hamster, Meerschweinchen, Kaninchen, Wellensittiche, Kanarienvögel, Hunde, Katzen und Mäuse, die unsere Erfahrungen mit dem Reich der Tiere prägten.

Zu guter Letzt, ganz besonders und vor allen Dingen danken wir unseren Partnern, Kindern, Eltern und Großeltern!